周　怡◎著

从"保健"到"育健"

——30余年追寻高质量保教结合的思与行

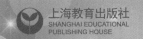

上海教育出版社
SHANGHAI EDUCATIONAL
PUBLISHING HOUSE

序

　　作为一名深耕学前教育领域数十载的教育工作者，我始终相信，幼儿教育的本质，是为生命成长奠基。在幼儿园这片天地中，我与团队共同见证了无数孩子从蹒跚学步到自信探索的蜕变。在这段旅程中，我愈发认识到保育保健绝非简单的生活照料，而是一项融科学性、艺术性与人文关怀于一体的系统工程。正如陶行知先生所说，"生活即教育"，这份认知足使我提笔将十余年管理实践经验凝练成册，试图为行业同仁勾勒出一条兼具科学化、专业化、人性化的保育保健进阶之路。

　　回顾过往，保育保健行业始终是理想与现实交会的战场。我们对《幼儿园保育教育质量评估指南》所引领的新理念感到兴奋，同时也必须正视专业人才短缺、家园合作障碍等实际问题。本书是我和团队十余年深入实践的结晶。我们曾夜以继日地讨论构建闭环管理系统，反复打磨 ACS 保育工具，并在信息化平台建设中不断尝试与修正。这些经历让我深信要实现高质量的保育保健管理，必须实现三个方面的重大转变：从依赖经验到依靠数据，从零散操作到系统构建，从孤立的园所到协同的生态系统。书中介绍的"幼儿健康画像绘制"和"智能保育计划推荐"等创新实践，正是这些理念转变的具体体现。

　　在撰写过程中，我们始终秉持两个核心原则。其一，坚持问题导向。比如，针对当前保育保健工作中存在的专业人才短缺、家园沟通不畅等痛点，提出"闭环管理""班本化保研机制"等创新解决方案。其二，我们注重实证研究。书中大量引用我园二十余年的实践案例，如"体弱幼儿定制化健康提升计划""全天候营养膳食方案"等，力求为读者提供可操作、可复制的实践范式。

值得强调的是，本书特别关注"人"的发展。我们不仅探讨如何提升保育保健的专业水平，更致力于构建"教师—幼儿—家长"三位一体的成长共同体。通过"塑三观、带队伍、练功夫"的师资培养体系，我们打造了一支兼具专业素养与教育情怀的保教团队；通过"家园共育云平台""社区健康驿站"等创新机制，我们将教育场域延伸至家庭与社区，让每个孩子都能在"适合的土壤"中茁壮成长。

如今，我将这些年的所思、所行、所悟整理成册，旨在与同行们分享交流。希望这本书能为学前教育工作者提供有益的参考，助力幼儿园保育保健工作迈向新的台阶。教育是一场永无止境的修行，愿我们携手共进，为幼儿的健康成长保驾护航，为学前教育事业的蓬勃发展贡献更多力量。

最后，我要感谢所有为这本书付出努力的同仁们，是你们的智慧与汗水成就了这本书的诞生。也要感谢那些一直支持我工作的家长朋友们，是你们的信任与配合，让我坚信我们的努力定能为孩子们创造更美好的未来。

2025 年 2 月

前言

在新时代的背景下，学前教育作为基础教育的重要组成部分，肩负着为幼儿健康成长奠基、为国家未来培育栋梁的重任。幼儿园，作为幼儿接受正规教育的起点，其保育保健工作的质量直接关系到幼儿的身心健康与全面发展。随着社会对幼儿健康与安全关注度的不断提升，以及教育改革对幼儿园保教质量要求的日益严格，我们愈发感受到肩上责任的重大。

当前阶段，幼儿园保育保健工作面临着诸多挑战。一方面，专业人才短缺、设施设备不足等现实问题制约了保育保健质量的进一步提升；另一方面，随着《幼儿园保育教育质量评估指南》的出台，幼儿园保教工作迎来了新的机遇与挑战。在这样的背景下，我们必须深入思考如何提升保育保健工作的质量，以满足幼儿全面发展的需求。我在多年的实践与探索中，积累了诸多经验与思考，遂结集成书，旨在为学前教育贡献一份力量，与同行们共同探讨保育保健工作的优化与发展。

本书共分为四章，每章内容紧密围绕高质量视域下的保育保健管理展开。第一章"高质量视域下保育保健管理之见"，深入剖析《幼儿园保育教育质量评估指南》的出台背景与核心要点，指出该指南对学前教育高质量发展的引领作用，并提出了幼儿园在保育保健管理方面面临的机遇与挑战。通过理论阐述与案例分析，我们力求为读者呈现一幅清晰的高质量保育保健管理蓝图。

第二章"高质量视域下的保育保健之行"，是本书的核心部分。我们详细探讨了基于标准的顶层设计、服务幼儿的过程实施、终于习惯的职业素养锤炼等关键议题。从课程领导力提升、保育保健新体系构建，到一日活动课程化的实践探索，再到环境创设与材料投放的策略，我们全面展示了如何在实践中将高质量的保育保健理念落地生根。我们还特别关注了保育工作的精细化与个性化、保健管理的科学化与人性化、营养服务的均衡化与特色化等方面，力求为幼儿营造一个全面、均衡、富有特色的成长环境。

第三章"信息技术助力下的保育保健之为"，则紧跟时代步伐，探讨了信息技术在保育保健管理中的应用。我们介绍了数字化收集平台、智能分析系统、数据可视化展示等现代信息技术手段如何助力保育保健工作的精准化与高效化。我们还分享了幼儿园后勤管理工具的开发与使用经验，以及园本保健工作自评指南的构建与实施，为幼儿园在信息化时代下的保育保健管理提供了宝贵的参考。

第四章"链接家园社的保育保健之力"，则强调了家园社合作在保育保健工作中的重要性。我们探讨了全天候营养膳食计划的实施与家庭延伸、家庭健康指导与育儿支持、社区资源的整合与利用等议题，展示了如何通过家园社三方的紧密合作，共同促进幼儿的健康成长与全面发展的愿景。

本书在撰写过程中，注重理论与实践的紧密结合，既有深入的理论阐述，又有丰富的实践案例。我们希望通过本书，能够为广大幼儿园园长和教师提供一套科学、实用、可操作的高质量保育保健管理方案，共同推动学前教育事业的蓬勃发展。我们也期待更多的同行加入这一行列中来，共同为幼儿的健康成长与全面发展贡献力量。

目录 ▶

目录

第一章
高质量视域下保育保健管理之见

在新时代教育改革的春风中，学前教育承载着为幼儿健康成长奠定坚实基础、为国家未来培育杰出人才的崇高使命。幼儿园，作为这一使命的主要承载者，其保育保健工作无疑是关乎幼儿生命安全、身心健康的核心环节。随着社会各界对幼儿健康与安全关注度的持续提升，以及教育改革对幼儿园保教质量要求的日益精进，保育保健工作的重要性愈发显得举足轻重。

然而，当前幼儿园在保育保健管理方面仍面临着诸多严峻挑战。专业人才队伍的短缺、设施设备的匮乏、家园合作中的种种难题，如同一道道坎，制约着保育保健质量的进一步提升。这些问题不仅关乎幼儿园的日常运营，更关系到每一个幼儿的福祉与未来。

在此关键时刻，《幼儿园保育教育质量评估指南》（以下简称《评估指南》）的适时出台，如同一盏明灯，为幼儿园保育保健工作指明了前行的方向，提出了更为严格与高标准的要求。这一指南不仅是对现有保育保健工作的全面审视，更是对未来发展方向的精准定位。在此背景下，深入探讨高质量视域下保育保健管理的思路与实践，对于推动幼儿园保育保健工作迈上新台阶、实现幼儿全面健康发展具有重要意义。

第一节　由《幼儿园保育教育质量评估指南》带来的思辨

在新时代的学前教育领域,《评估指南》的出台无疑为幼儿园的教育实践注入了新的活力,同时也带来了新的挑战。本章节旨在深度剖析该指南诞生的背景及其核心精髓,通过政策驱动、阶段跃迁、改革深化及保育强化四大视角,探索学前教育如何驶入卓越发展的新航道。

一、《评估指南》背景与核心要点解析

学前教育,作为基础教育的起始阶段,对幼儿个体的成长与国家教育体系的构筑具有不可估量的价值。在教育改革持续深化的当下,对《评估指南》进行细致入微的解读显得尤为重要。《评估指南》的诞生并非偶然,而是政策驱动、发展阶段跃升、改革深化进程及保育理念强化等多重力量汇聚的必然结果。以下,我们将从这四个维度深刻剖析《评估指南》的背景与核心,为学前教育的高质量发展探寻路径。

（一）政策驱动：落实中央教育战略部署

党的十九届五中全会在全面规划国家未来发展蓝图时,明确提出建设高质量教育体系的战略目标,这标志着我国教育事业迈入了一个全新的发展阶段。在这一宏伟目标的引领下,学前教育作为教育体系的基础环节,其质量与水平直接关系到整个教育体系的根基稳固与否。中共中央、国务院高度重视学前教育的发展,相继出台了《学前教育深化改革规范发展的若干意见》和《深化新时代教育评价改革总体方案》两份重量级文件。

《学前教育深化改革规范发展的若干意见》深刻剖析了当前学前教育面临的挑战与机遇,明确指出深化改革、规范发展的紧迫性和重要

性。文件强调，要全面提升学前教育的保教质量，必须建立健全科学的质量评估体系，通过评估来引领、诊断、改进和激励学前教育的各项工作。

《深化新时代教育评价改革总体方案》进一步明确了教育评价改革的方向和重点。在学前教育领域，该方案特别强调要制定国家层面的幼儿园保教质量评估指南，为各地提供统一的评估标准和依据。这不仅是对学前教育质量评估工作的一次全面规范和提升，更是对学前教育事业健康发展的有力保障。

国家采取积极措施，制定一套详尽的幼儿园保教质量评估准则，明确评估的范围、方式、步骤和标准，以保证评估活动的科学性和有效性。评估不仅关注教育成果，更重视对教育过程的持续监察与分析，旨在全面、真实、精确地展现幼儿园的教育质量。各地需根据国家准则，并结合本地具体状况，进一步优化幼儿园质量评估标准。鉴于我国幅员辽阔，不同地区在经济发展、文化环境、教育资源等方面存在明显差异，各地在执行国家准则时，必须充分考虑本地的特殊性和多样性，对评估标准进行细致和差异化的调整与补充。通过这种方式，确保幼儿园质量评估工作能够紧密贴合本地幼儿园的实际情况，真正实现评估的引导、诊断、改进和激励功能，引导各类幼儿园确立正确的质量观念，在科学开展保育教育的道路上持续进步，共同促进学前教育事业向高质量发展的新阶段迈进。这样的措施将有效促进学前教育质量的整体提升，为构建高质量教育体系打下坚实的基础。

（二）阶段跃迁：迈向高质量学前教育

经过三期行动计划持续深入的实施，我国学前教育事业取得了显著成就，成功实现了基本普及目标。这一目标的达成，标志着我国学前教育覆盖面的大幅扩展，更多幼儿能够享受到学前教育的滋养。目前，学前教育已迈入了一个新的发展阶段，即全面普及与高质量发展并重的阶段。

在这一新阶段，我们认识到仅仅实现基本普及是远远不够的，更关键的是要提升学前教育的质量，让每一个孩子都能接受到优质、科学的保育教育。正如上海市普陀区"适合教育"理念所倡导的，通过个性化发展路径的构建，真正实现"让每个孩子获得适切成长"的教育愿景。因此，加强幼儿园保教质量评估显得尤为重要和迫切。质量评估不仅是衡量幼儿园教育水平的一把尺子，更是推动学前教育持续改进和提升的重要动力。我们要发挥好质量评估的引领、诊断、改进和激励作用。

1. 引领作用

科学评估指标与标准引导幼儿园树立以幼儿全面发展为核心的质量观，促使其将关注点转向幼儿内在素质培养，在日常工作中坚持以幼儿为本，注重环境创设、资源提供及幼儿自主学习能力培养，推动教育质量提升，为幼儿终身发展奠定基础。

2. 诊断作用

评估的过程是一个全面了解幼儿园保教工作现状的过程。凭借深入的观察、访谈、数据分析等手段，评估可以精准地诊断出幼儿园在保教工作中存在的问题和不足。这种诊断使幼儿园能够及时发现问题，为后续的改进工作提供依据，避免盲目性和随意性。幼儿园也可以根据评估结果，有针对性地调整和优化保教工作，如改进课程内容、加强师资培训等，从而不断提高保教质量，更好地满足幼儿的发展需求。

3. 改进作用

在评估结果的反馈环节，评估者会将发现的问题和不足向幼儿园进行详细说明，并提供相应的改进建议。幼儿园可以根据这些建议，结合自身实际情况，制定切实可行的改进措施。通过不断地改进，幼儿园的保教质量将逐步提升，更好地适应幼儿的发展需求，实现教育目标。

4. 激励作用

质量评估具有激励作用，既能表彰优秀幼儿园，激发其保持优势的动力，树立榜样；又能为幼儿园提供展示平台，增强自信，促使幼儿园积极创新探索，为学前教育高质量发展注入活力。

由此，我们要高度重视幼儿园保教质量评估工作，建立健全科学、规范的评估体系，确保评估工作的公正、客观和有效。

（三）改革深化：扭转评估不良倾向

长期以来，各地幼儿园保教质量评估存在诸多问题，难以适应学前教育高质量发展的新要求。主要问题包括"重结果轻过程""重硬件轻内涵""重他评轻自评"等。

在评估实践中，部分评估机构及其工作人员倾向于过分聚焦幼儿园的最终成果指标，诸如"入园率"与"双超率"等，忽视了保教质量的深度内涵以及幼儿身心发展的核心要素。这种倾向迫使一些幼儿园为了迎合评估标准，不惜采取急功近利的策略，如可能在夜晚加班加点地补充材料，匆忙地进行环境创设以追求即时效果，甚至让幼儿反复演练特定环节以期在评估中表现更佳。这些短视行为非但无助于幼儿健康成长的长远目标，反而可能阻碍教育质量的稳步提升，对幼儿全面发展构成潜在的不利影响。因此，评估体系亟须调整，以更全面、更科学的准则来衡量幼儿园的教育成效，确保幼儿在健康、适宜的环境中茁壮成长。

此外，一些评估标准和方法过于注重幼儿园的硬件设施，如园舍面积、设备数量等，但对幼儿园的内涵建设关注不够，如对幼儿园的教育理念、园所文化、教师的专业素养和教育实践能力等内涵因素缺乏深入的考察和评价。这种现象容易导致幼儿园在发展过程中出现"重建设轻管理""重投入轻效益"的问题，忽视内涵建设对于提升保教质量的核心作用。

在评估过程中，外部评估往往占据主导地位，而幼儿园自评工作得不到足够重视。一些幼儿园缺乏科学的自评机制和方法，对于自身的保教工作缺乏深入的反思和总结。这种现象不利于幼儿园形成自我发展的动力和机制，难以实现持续改进和提升。幼儿园的自评工作可以帮助其更好地了解自身的优点和不足，明确发展方向和目标，为外部评估提供更为准确和全面的信息。

这些问题与学前教育高质量发展新要求相悖，所以国家出台了科学完善的幼儿园保教质量评估指南。该指南融合专业理论，贴合幼儿身心发展规律，吸纳先进成熟的教育实践经验。它通过强化科学指导，为教育教学活动提供方向指引，助力探索教育路径。在此基础上，各地应结合实际情况，健全评估体系，为学前教育高质量发展筑牢根基。

（四）保育强化：补齐学前教育短板

在学前教育这一奠基性阶段，"重教轻保""重育轻养"的现象长期存在，犹如隐藏在教育机体中的顽疾，对幼儿的全面发展造成了一定程度的阻碍。深入剖析，可发现背后存在多方面、深层次的原因。

从保育人员的构成与稳定性来看，当前从事保育工作的人员大多具有外聘性质。这种外聘机制虽在一定程度上缓解了人员需求压力，但带来了极为突出的流动性问题。这些外聘保育人员往往由于工作归属感不强、职业发展空间有限等因素，频繁更换工作岗位。即便在保育队伍中属于在编的保健员，多数也以教辅编制为主，其编制属性在一定程度上影响了他们在保育工作中的核心地位与专业发展的积极性，使得保育工作难以形成稳定且专业的人才队伍。

保育工作者的整体素质与职业发展状况也不容乐观。普遍而言，保育工作者学历层次相对较低，年龄结构偏大。受限于学历背景，他们在知识储备与更新能力上存在一定局限。由于薪资待遇偏低，这不仅难以吸引高素质人才投身保育工作，还极大地削弱了现有保育人员持续学习的意愿。在经济压力与职业发展前景不明朗的双重影响下，他们往往缺乏动力去主动提升自身专业素养，以更好地适应日益发展的学前教育保育需求。

此外，保育队伍的规模与结构存在严重失衡。相较于教师队伍，保育队伍的人数仅为其一半，尤其是专业的保健员数量更是少之又少。这种人员数量上的三大差距，使得保育工作难以形成完善的团队管理模式。在实际工作中，由于人员短缺，保育工作往往显得捉襟见肘，难以实现精细化、专业化的分工协作。团队协作与有效管理的缺乏，不仅影响保育工作的效率与质量，更难以形成专业的保育教育合力，共同促进幼儿的健康成长。

最后，教师们的职后培训也存在问题。一直以来，教师的职后培训主要以教学为主，很少涉及保育课程。这种培训内容的单一性，导致教师在潜意识中认为保育是后勤人员的工作，与教学无关。这种观念上的偏差，进一步加剧了"重教轻保"的现象。所以，我们需要进一步强化保教结合、保教并举的观念，将保育工作纳入教师职后培训的重要内容，提高教师对保育工作的认识和重视程度，从而促进幼儿的全面发展。

二、《评估指南》引领下的保育教育变革

（一）办园方向：坚持社会主义导向

在幼儿园发展进程中，办园方向起指引作用，坚持社会主义导向是其稳健发展的基石。党建工作、品德启蒙与科学理念是这一基石的核心支柱，对幼儿园运营及幼儿成长发展有支撑与引领作用。

1. 党建工作

幼儿园应以党建工作为核心，确保党的教育方针政策落地实施。其中，党组织的建设和党员的模范作用是关键。深化党建工作需要与园所文化融合，激发教育活力。通过设立"党员示范岗"和打造红色文化长廊等举措，我们让党的精神在校园环境中体现。党员教师在教学中融入爱国主义教育，培育幼儿的爱国情感和社会责任感。

为提升党建工作效果，我们还建立党员教师与普通教师的一对一帮扶体系，促进教师在政治素养和专业技能上的共同提升。比如，定期举行党建经验分享会，教职工互相交流成功经验、讨论难题、探索解决方法，共同推动党建工作创新。

此外，我们还致力于打造具有园本特色的党建品牌，开展"童心向党"系列主题活动，如红歌传唱和革命故事绘本创作，将党建元素转化为幼儿可感知的教育实践，提升幼儿园的保教质量。

2. 品德启蒙

幼儿时期，品德教育是孩子个性发展的基础，也是遵守社会规范的根本。我们将其作为教学核心，融入日常活动中。教师在幼儿品德形成中起关键作用，因此我们重视师德师风建设，定期举办教育活动，引导教师研习准则，并通过评选活动鼓励教师提升品德。同时，建立监督机制，规范教师行为，确保积极的教育氛围。

我们采取多维度策略进行幼儿品德教育。比如我们将品德教育纳入课程体系，通过故事、角色扮演等形式传授道德规范；我们还举办主题活动，如"学习雷锋"和"环保小卫士"，激励教师将品德教育与学科教学相结合，实现品德与知识传递的无缝对接。

为提升品德教育效果，我们也重视实践活动体验，安排幼儿参观养老院、参与公益活动，设计模拟日常生活情景，强化与家长的交流与协作，共同关心幼儿的品德成长，营造共同育人的环境。

3. 科学理念

科学理念是幼儿园教育的指引和灯塔，它引领着我们不断探索和实践符合幼儿身心发展规律的教育方法。在曹杨新村幼儿园，我们始终坚持以科学的教育理念和方法为指导，注重因材施教，促进幼儿全面发展。

在课程理念上，我们秉持以"绿色"为本，以"共生"为点，倡导多元相通、全面成长的原则。这一理念充分体现了科学理念在幼儿园教育中的核心地位。我们依据《幼儿园教育指导纲要（试行）》和《3—6 岁儿童学习与发展指南》，科学规划幼儿园课程体系，确保课程内容既符合幼儿的兴趣和需求，又能够促进其身心健康发展。在课程实施过程中，我们注重引入先进的教育理念，如项目式学习、探究式学习等，以激发幼儿的学习兴趣和探究欲望。而且，我们也采用多样化的教学手段，如情境教学、游戏教学等，增强教学效果以提高幼儿的学习积极性。

在保教管理与实施过程中，我们同样将科学理念贯穿于各个环节，建立健全保教管理制度和流程，确保保教工作的规范化和科学化。我们定期对保教工作过行检查和评估，及时发现问题并采取措施加以改进，以不断提升保教工作的质量。除此之外，我们还注重加强教师培训，提高教师的专业素养和教学能力；鼓励教师参与教育科研活动，探索新的教育方法，以推动幼儿园教育的创新和发展。

为了将科学理念更好地应用于实践，我们还注重家园合作。加强和家长的沟通与合作，共同关注幼儿的发展需求和学习情况。通过提供科学的教育指导和服务，帮助家长树立正确的教育观念和方法，形成家园共育的良好氛围。

（二）保育工作：护航幼儿健康成长

幼儿阶段的保育工作，不仅关系到幼儿的身体健康，还影响其心理、情感和社会能力的发展。我们坚持"以幼儿为中心"的理念，重点培养他们的自我管理和服务能力。从卫生保健到生活照料，再到特殊幼儿的照护，我们致力于在每个细节中融入教育，帮助幼儿学会自我防护和管理，逐步走向独立。

1. 卫生保健

卫生保健是幼儿健康成长的关键。幼儿园不仅需要保持环境清洁，还要培养幼儿良好的个人卫生习惯。例如，教师引导幼儿餐前便后洗手，教授正确的洗手方法（使用流动水、适量肥皂、搓洗 20 秒）等。这种实践有助于减少病菌传播，帮助幼儿建立自我防护意识。

自我服务的理念在我们的卫生保健活动中也得到充分体现。以幼儿自助分餐为例，幼儿在取餐时会根据自身实际需求，选择适量的食物，这不仅有效避免了食物浪费，还培养了他们根据饥饿感调整饮食的能力。用餐结束后，他们会自觉地将餐具放置于指定位置，这一行为实际上是初步培养责任感的具象化实践。此外，饭后漱口、擦嘴、擦手等习惯已融入幼儿日常生活流程，这些习惯的养成对于预防口腔和消化道疾病具有积极作用。

2. 生活照料

在生活照料这一方面，我们注重引导幼儿参与到日常生活的各个环节之中，使他们在实践过程中学会自我管理。以幼儿自主使用血氧仪为例，在教师的指导之下，幼儿学会了正确佩戴血氧仪，监测自己的心率，并查看血氧饱和度。当发现心率过高时，他们会主动地调整自己的运动量，或者选择休息片刻。这一过程不但让幼儿对自己的身体状况有了更为直观的了解，而且教会了他们依据自己的身体反应来合理地安排活动，这是自我管理能力的重要体现。

在日常生活当中，我们还鼓励幼儿参与更多的自我服务活动。例如，自己整理床铺、衣物，选择并穿戴适合天气的衣物等。这些看似是小事，实则是幼儿走向独立的必经之途。通过持续不断的实践，幼儿逐渐学会了依据自己的需求以及环境的变化来做出选择。这种能力对于他们的未来成长将会产生深远的影响。

3. 特殊幼儿照护

在《评估指南》中，特殊幼儿被明确分为障碍幼儿和问题幼儿两大类，这一分类为更精准地实施生活照护提供了基础。对于这两类幼儿，我们倡导家园社三方联动，构建立体化、多元化、同心圆式的回应与照护体系。

作为教育体系中重要的幼儿园阶段，我们采取了多项策略。针对幼儿语言发展迟缓、智力发展迟缓、体重超标等特定问题，我们制定了专门的训练计划和调整方案，涵盖语言练习、饮食与运动的管理等方面。保健教师、校医以及保育员之间也进行了紧密的合作，他们为幼儿提供专业的营养建议、医疗辅导和日常照料，确保幼儿的身心健康。

在家庭领域，父母主动参与孩子的教育活动，与幼儿园保持紧密的合作关系。他们致力于培养孩子健康的生活习惯，优化饮食结构，并且热心参与学校组织的活动。家长和教师携手共创教育方案，共同促进孩子的全面发展。这种来自家庭的援助和引导，为特殊儿童打造了一个温馨、和睦的成长氛围，助力他们树立自信，健康成长。

在社会层面，我们积极利用社区资源，组织幼儿参与社会实践活动来增强其社会适应能力。我们还举办班级活动、邀请其他幼儿访问等，为有特殊需求的幼儿营造社交环境，促进社交能力的发展以及确保每个特殊幼儿均能在充满关爱的环境中健康成长。

（三）安全防护：构建全方位安全网

在幼儿园的日常管理和教育活动中，保证幼儿的安全是最重要的事情。幼儿的安全不仅关系到他们的健康成长和家庭的幸福，也是社会高度关注的重要议题。幼儿园有责任建立一个全面的安全防护体系，这样幼儿才能在一个安全、健康、快乐的环境中成长。基于此，我们从很多方面考虑，不断更新安全防护措施，努力把可能的风险降到最低，确保幼儿在幼儿园里的每一分钟都是安全的。

1. 全员参与

在幼儿园的安全管理工作中，强调全体成员的参与是非常重要的。作为安全管理的主体，教职员工不仅需要具备高度的安全意识，还应主动分析、评估工作环境，及时识别并上报潜在的安全风险。通过定期开展安全培训以及应急演练，教职员工能够掌握问题识别、应对策略制定及有序解决问题的能力。这确保了各项安全措施得到有效执行，也为幼儿营造了安全稳定的学习和成长环境。

我们同样重视培养幼儿的安全意识，在组织教师进行安全分析时，经常鼓励幼儿参与其中，通过实践活动认识到安全的重要性。当然我们还倡导幼儿在教师的指导下，学会观察环境和识别潜在危险，并掌握远离及应对危险的策略。这种全面参与的安全教育模式，不仅增强了教职工的安全责任意识，也提升了幼儿的自我保护能力。

2. 融入生活

在幼儿园，把安全教育融入幼儿的日常生活十分重要。我们采用多种方式，让幼儿在日常活动中持续学习和掌握自我防护技能，有效应对潜在的安全问题。

我们培养幼儿的观察力和判断力，帮助他们识别环境中的潜在危险。教师在日常活动中也会引导幼儿观察周围环境，比如检查教室门窗是否牢固、活动区域是否有尖锐物品等。在户外活动时，教师会提醒幼儿注意脚下，防止因路面不平而摔倒；在室内活动时，会告诫幼儿注意桌椅摆放，避免奔跑时撞到桌角。通过这些实际指导，孩子逐步学会评估环境风险，并采取相应的预防措施。

我们还让幼儿扮演"啄木鸟安全员"，参与幼儿园的安全巡查活动。每个班级都会选出一些小朋友担任"啄木鸟安全员"，他们定期检查班级和幼儿园的安全状况。例如，他们会检查游戏室内的玩具是否完好，户外的滑梯、秋千等设备是否安全。在巡查过程中，小朋友们会仔细观察并记录发现的问题，一旦发现隐患会立即告知教师。教师会对小朋友的巡查结果给予反馈，并采取必要的改进措施。这种方式不仅增强了幼儿的安全意识和责任感，还让他们在实践中学习到更多的安全知识。

三、应对《评估指南》挑战的策略思考

针对《评估指南》所提出的新要求，幼儿园需采取积极措施，实施有效策略，以持续提升教育与保育质量，促进幼儿的全面发展。我们

将从加强师资队伍建设、优化课程体系、强化家园合作、推进信息化建设等角度，详细论述应对《评估指南》挑战的策略。

（一）加强师资队伍建设，提升教师专业素养

教师是幼儿园教育的核心力量，教师的专业素养直接影响到保教的质量。因此，加强师资队伍建设，提升教师专业素养是应对《评估指南》挑战的首要任务。

1. 加强教师培训与学习

幼儿园需定期安排教师参与专业培训和学习活动，以便更新其教育理念并提升教学技能。培训内容应包括幼儿心理学、教育学、课程设计与实施、教学方法与策略等多个方面，确保教师全面掌握幼儿教育的专业知识与技能。我们应鼓励教师参与学历提升和在职研修，不断提高学历水平和专业素养。

2. 建立教师成长档案

我们为每位教师创建个人发展档案，详细记录其职业生涯的学习历程、教学成就、科研经历及所获荣誉等，全面展现教师的成长路径和发展态势，以及定期审视和更新这些档案，协助教师清晰地认识自己的职业规划和目标，从而增强其职业发展的主动性。

3. 实施教师评价激励制度

幼儿园应构建合理的教师评价激励制度，将教师的教学品质、学术成就、师德师风等领域纳入评估体系，对表现突出的教师进行表扬和奖励。这样的评价激励制度会激发教师的工作激情和创新力，推动教师队伍的整体素质持续提高。

4. 加强师德师风建设

师德师风乃教师的立命之基，亦是幼儿园教育的核心。幼儿园需高度关注师德师风建设，通过举办师德师风教育活动、签署师德承诺书、设立师德考核机制等手段，引导教师确立正确的从业观和价值取向，提升教师的责任感与使命感，为幼儿树立正面的典范。

（二）优化课程体系，促进幼儿全面发展

课程体系是幼儿园教育的核心组成部分，优化课程体系是提升保教质量的关键环节。幼儿园应根据《评估指南》的要求，结合幼儿的身心发展规律和认知特点，构建科学合理、富有特色的课程体系。

1. 整合课程内容，实现领域融合

幼儿园教育应打破传统学科界限，整合课程内容，推动各领域深度融合。通过设计主题活动，将语言、艺术、科学等多领域知识有机结合，让幼儿在轻松的氛围中学习，促进其综合素质发展。

在实际教学中，我们以四大板块整合为核心，针对幼儿生活问题展开实践。例如，面对新入园幼儿饮水难题，我们采取多种策略：利用环境资源，结合集体与个性化饮水需求，通过音乐、语音提示等方式提醒幼儿按时饮水；设立"咕噜咕噜补给站"，帮助幼儿解决"不会喝"的问题，引导他们记录饮水量；借助绘本故事"爱喝水的小猫"开展集体学习活动，让幼儿认识到喝水的重要性，激发其饮水兴趣，养成良好习惯。这一系列举措，有效解决了幼儿的饮水难题，提升了他们的自我管理能力，为健康成长筑牢基础。

图 1-1　幼儿生活问题实践

2. 注重游戏化教学，激发幼儿学习兴趣

游戏是幼儿的天性，也是幼儿学习的主要方式之一。幼儿园应注重游戏化教学，将游戏元素融入课程设计和实施过程中，让幼儿在游

戏中学习、在游戏中成长。创设富有游戏性的学习环境，提供丰富的游戏材料和道具，引导幼儿参与游戏化教学活动，激发幼儿的学习兴趣和探究欲。

3. 加强实践教学，培养幼儿实践能力

实践教学是幼儿教育的重要组成部分，对于培养幼儿的实践能力、创新能力和社会适应能力具有重要意义。幼儿园应加强实践教学环节的设计和实施，组织幼儿参与各种实践活动，如手工制作、科学实验、社会实践等，让幼儿在实践中动手动脑、体验成功、增强自信。

4. 关注个体差异，实施因材施教

每个幼儿都是独一无二的存在，具备不同的才能和潜能。幼儿园需重视幼儿的个体差异，实行针对性教学，以满足不同幼儿的成长需求。通过细致的观察与评估，我们可以了解幼儿的兴趣、优势以及成长阶段，为每个孩子量身定制教育方案和计划，给予恰当的教育帮助和指导，助力每个孩子全面成长。

（三）强化家园合作，形成教育合力

家庭是幼儿成长的第一课堂，家长是幼儿教育的第一任教师。幼儿园需加强与家庭的合作，增进与家长的交流与联系，共同构建教育的协同效应，以助力幼儿的全面发展。

1. 建立家园沟通机制

我们要建立定期的家园沟通机制，如家委会会议、家长会、个性化家访、云端家园联系站等，及时向家长反馈幼儿在园的表现和进步，了解家长的需求和意见，共同探讨幼儿教育的策略和方法。

例如，每学期我们都会召开三级家委会会议，诚挚邀请家长代表参与幼儿园管理工作，共同商议学期计划，广泛听取家长建议，确保幼儿园工作能够紧密贴合实际需求。在个性化家访方面，我们充分尊重家长意愿，采取多样化形式开展家访计划，并保证"二教一保"全员参与，通过深入了解家庭教育情况，与家长携手共同促进幼儿成长。此外，我们还利用云端家园联系站，打造便捷高效的沟通平台，家长可随时通过该平台了解幼儿园动态，参与在线学习，与教师进行沟通交流，同时能够观看幼儿活动照片和视频，有效增强家园之间的情感联系。

这种有效的沟通机制增进了家园之间的了解和信任，为幼儿的健康成长创造了良好的家庭环境。

2. 开展家园共育活动

我们注重推动家庭与幼儿园的共同教育活动，如亲子运动会、"伴日有约"家长参与日，以及家庭教育讲座等。这些活动旨在鼓励家长加入幼儿园的教学活动，促进家庭与幼儿园之间的联系，并提升家长在教育方面的技能与素养。通过这些共育活动，家长更深入地了解和理解了幼儿园的教育宗旨和方法，从而更好地支持和配合幼儿园的工作，共同为孩子的成长创造一个强大的教育联盟。

3. 加强家园教育资源共享

我们可以加强与家庭之间的教育资源共享，充分利用家长的职业优势、特长和爱好等，为幼儿园的教育活动提供丰富的资源和支持。如邀请从事不同职业的家长来园为幼儿介绍相关知识和经验，丰富幼儿的知识面，拓宽视野；利用家长的特长和爱好，组织亲子活动或特色课程等，增进亲子之间的情感交流和互动。

4. 引导家长树立正确的教育观念

我们还要引导家长树立正确的教育观念，认识到幼儿教育的重要性和特点，避免过度追求知识灌输和成绩攀比等不良倾向。通过家庭教育指导、家长学校等方式，我们帮助家长了解幼儿身心发展规律和认知特点，掌握科学的教育方法和策略，为幼儿的健康成长提供有力的家庭支持。

（四）推进信息化建设，提升教育管理效率

随着信息技术的不断发展，信息化建设已成为幼儿园教育管理的重要手段。推进信息化建设，可以提升幼儿园的管理效率和服务水平，

为保教质量的提升提供有力保障。

1. 建立信息化管理系统

我们要建立完善的信息化管理系统，包括幼儿信息管理、教职工信息管理、课程管理、教学管理、家园互动等多个模块，实现幼儿园各项工作的数字化、网络化和智能化管理。通过信息化管理系统，我们可以方便快捷地获取和处理各种信息数据，提高管理效率和准确性。

2. 利用信息技术优化教学流程

我们还应充分利用信息技术手段优化教学流程，如利用多媒体教学设备开展课堂教学活动、利用网络平台进行课程资源的共享和交流等。信息技术手段的运用可以丰富教学形式和内容，激发幼儿的学习兴趣和积极性，提高教学效果和质量。

3. 加强信息安全保障

在推进信息化建设的进程中，我们应特别关注信息安全的保障。所以我们需要建立和完善信息安全管理体系与机制，强化对信息数据的保护与管理，以避免信息泄露和滥用等风险。当然我们还需加大对教职工和家长的信息安全意识的教育与培训力度，提升他们对信息安全的认识和防御技能。

4. 推动智慧幼儿园建设

智慧幼儿园是信息化建设的高级阶段，也是未来幼儿园发展的方向。我们要积极推动智慧幼儿园建设，利用物联网、大数据、人工智能等先进技术手段，实现幼儿园各项工作的智能化、自动化和个性化管理。智慧幼儿园的建设，可以为幼儿提供更加优质、便捷和个性化的教育服务，促进幼儿的全面发展。

第二节 "幼儿园一日活动皆课程"内涵新解

在幼儿园教育实践中，课程并非仅限于传统的课堂教学，而是贯穿于幼儿在园的一日活动之中。"幼儿园一日活动皆课程"的理念，是对幼儿园课程实施方式的全新诠释，也是对幼儿学习方式的深刻洞察。它要求我们将教育的目光投向幼儿生活中的每一个细节，从入园晨检到户外活动，从餐点时间到离园告别，每一个环节都蕴含着丰富的教育契机。本章将深入探讨"幼儿园一日活动皆课程"的内涵，阐述其理念精髓，分享实践探索的宝贵经验，并为环境创设与材料投放提供切实可行的策略，助力幼儿园全方位、多维度地促进幼儿的全面发展。

一、一日活动课程化的理念阐述

在幼儿教育中，陶行知先生的"生活即教育"理念有着重要的指导意义，他强调教育与生活的紧密联系，指出生活本身就是最好的教育素材。幼儿园一日活动课程化，正是对这一理念的生动诠释。它突破了传统课程观的局限，将幼儿在园的所有活动都视为课程实施的宝贵载体，充分挖掘其中的教育价值。

传统上，课程被等同于教材或教师预设的教学内容，形式单一，内容固定，难以满足幼儿多元化、个性化的学习需求。而一日活动课程化则颠覆了这一认知，强调课程的生成性与生活化，认为课程深深植根于幼儿的生活之中，与他们的环境、同伴、教师以及日常点滴息息相关。

从幼儿踏入幼儿园的那一刻起，学习便悄然开始。入园晨检是健康教育的起点，幼儿在此过程中学习基本的卫生保健知识，逐渐意识到身体健康的重要性，养成良好的卫生习惯。早餐时间，餐桌变成了学习场，幼儿品尝各式食物，认知食物名称，了解营养价值，培养良好的饮食习惯和餐桌礼仪。

户外活动是幼儿最期待的时刻。在这片天然的舞台上，他们尽情奔跑、嬉戏，进行身体锻炼，学习社会交往规则，体验合作与竞争。他们学会协商、分享、遵守规则、尊重他人，锻炼勇气和毅力。午睡时光虽然安静平淡，幼儿能在这个过程中了解作息规律对身体的影响，锻炼自理的能力。

区域活动为幼儿提供自由探索、自主选择的空间。他们在搭建积木中锻炼空间想象力和创造力，在绘画涂鸦中表达情感和想象，在阅读角里培养阅读兴趣和语言表达能力。这些活动满足了幼儿的好奇心和探索欲，促进了他们的全面发展。

此外，幼儿园的一日活动还融入了丰富多样的教学活动。这些活动以幼儿为主体，以游戏为基本形式，鼓励幼儿积极参与，主动探索。教师在活动中扮演引导者和支持者的角色，幼儿在音乐活动中感受节奏和旋律的美妙，在科学活动中探索自然的奥秘，在语言活动中培养表达能力和倾听习惯。

一日活动课程化还强调家园共育的重要性。幼儿园应与家庭建立紧密合作关系，通过家园联系册、家长会、亲子活动等形式，让家长了解幼儿在园表现，参与教育活动，增强家长对幼儿园教育的理解和支持，促进幼儿在家园之间的顺利过渡。

实施一日活动课程化需要教师具备较高的专业素养和教育智慧。教师需要敏锐捕捉幼儿的学习需求和兴趣点，及时调整活动内容和方式；具备良好的组织能力和引导技巧，引导幼儿积极探索、主动学习；注重与幼儿的情感交流和互动，用爱心和耐心关爱每一个幼儿。

二、一日活动课程化的实践探索

一日活动课程化实践是促进幼儿全方位优质发展的关键路径。入园晨检、餐点时间、户外活动等环节，不仅是幼儿日常生活的必需，更是实施健康教育、培养生活自理能力、促进社会交往以及身体锻炼与探索学习的宝贵平台。

（一）入园晨检：健康教育的起点

入园晨检，作为幼儿一日在园生活的序幕，是开展健康教育的黄金时机。教师不仅要细致检查每个幼儿的身体状况，如体温、精神状态、面色等，还要及时发现并处理问题，更要充分利用这一时刻，向幼儿传授健康知识，培养良好的卫生习惯。

例如，当流感和手足口病等季节性疾病进入高发期时，教师可以策划一些生动有趣的健康教育活动，通过讲故事、扮演角色等手段，让幼儿在愉悦的环境中学习如何预防这些疾病。在早晨的健康检查时，教师可以亲自演示正确的洗手步骤，并指导幼儿实际操作，确保每个孩子都能学会这个基础的卫生习惯。此外，教师还应根据幼儿的具体情况开展教育。比如，发现有孩子咳嗽时未遮住口鼻，及时进行咳嗽礼仪的教育，强调个人卫生对于保护自己和他人健康的重要性。

在早晨的健康检查中，如果教师发现一个小朋友体温稍高并且轻微咳嗽，就会迅速采取适当的措施，并及时与孩子的家长取得联系，建议他们带孩子去医院进行检查。教师还会详细地向家长说明关于孩子的饮食和休息等注意事项，共同确保孩子的健康。在晨检结束后的集体交流时间，教师就会以这个小朋友的情况作为例子，向所有孩子讲解如何预防感冒，强调勤洗手、多饮水、适时调整衣物的重要性，从而提升幼儿的自我保护能力，并使健康教育更加贴近幼儿的日常生活。

（二）餐点时间：生活自理与社会交往的融合

用餐时刻，对幼儿而言，不仅是满足基本生理需求的时段，也是提升其独立生活技能和社交技巧的重要时机。餐前的准备工作，包括洗手、整理餐具、分配食物等简单行为，实际上是对幼儿自我照顾能力及服务意识的培养。保教人员可以构思一些有趣的餐前游戏活动，例如

"谁的手最干净"或"餐具守护者"，以此激发幼儿的参与兴趣，将餐前准备过程转变为一种愉快的体验，而非一种负担。

用餐过程中，保教人员不仅是食物的提供者，更是幼儿行为习惯的引导者。他们应以身作则，展示良好的用餐礼仪，如细嚼慢咽、不发出声响，同时用温柔的话语鼓励幼儿尝试各种食物，不挑食、不偏食。对于幼儿的不良饮食习惯，如边吃边玩、挑食严重，保教人员应耐心引导，通过故事讲述、榜样示范等方式，帮助幼儿理解均衡饮食的重要性。

此外，餐点时间也是幼儿社会交往能力培养的绝佳时机。我们应营造一个温馨、和谐的用餐环境，鼓励幼儿与同伴轻声交流，分享食物的美味、用餐的感受，甚至可以引导幼儿讨论不同食物的来源、制作方法，既增进了幼儿之间的友谊，又拓宽了他们的知识面。通过这样的餐点时间安排，幼儿不仅享受了美食，更在无形中学会了尊重他人、分享快乐，为日后的社会生活打下了良好的基础。

（三）户外活动：身体锻炼与探索学习的舞台

在幼儿园的日常活动中，户外环节是最充满活力和自由的时刻，它为幼儿提供了无限的身体锻炼和探索学习的机会。教师应当充分利用户外的场地和设施资源，安排各种各样的体育游戏和探索活动，助力幼儿在身体素质和认知能力上的成长。

在体育游戏方面，教师可以设计一些有趣的游戏，如"小兔跳跳""小鸭划船"等，让幼儿在游戏的过程中锻炼身体的协调性和灵活性。教师还可以引导幼儿自主创编游戏、制订规则，培养幼儿的创造力和规则意识。如在一次户外活动时，幼儿自发地组织了一场"小车比赛"，他们用积木搭建赛道，用小车进行比赛，教师在一旁观察并给予适当的指导，让幼儿在自主探索和游戏中体验成功的喜悦。

在探索学习方面，教师可以带领幼儿观察园内的植物、小动物等，激发幼儿的好奇心和探究欲望。如在春天，教师带领幼儿观察园内的花草树木，让幼儿了解植物的生长过程和特点，培养幼儿对自然的热爱和观察力。

三、环境创设与材料投放的策略

幼儿园的环境创设与材料投放不仅能够丰富幼儿学习与成长的物理空间，更是激发幼儿潜能、培养其综合素质的关键载体。一个富有创意、充满活力和教育意义的环境，能够为幼儿提供丰富的学习资源和广阔的发展空间，使其在自由探索中收获知识与快乐，培养创新思维与实践能力。

然而，传统幼儿园环境创设与材料投放模式存在诸多局限，如形式单一、内容封闭、教师主导、缺乏系统性等，制约了幼儿全面发展。为突破瓶颈，我们探索全新策略，满足幼儿多样化学习需求，促进其个性化成长。我们深入探讨创新策略，从拓展丰富性、赋予自主权、凸显幼儿主体地位、构建系统连贯体系等方面入手，为相关工作提供新思路与方法，打造优质教育环境，促进幼儿全面发展。

（一）由单一到多元：拓展材料与环境的丰富性

传统的幼儿园环境创设与材料投放往往形式单一，种类有限，难以满足幼儿多样化的学习需求。在新理念的指导下，我们积极拓展材料与环境的丰富性，为幼儿提供多元化的学习体验。

在材料选择上，除了常见的玩具、图书外，我们还大量引入自然材料、废旧物品等。自然材料如树枝、树叶、石头、贝壳，不仅可以让幼儿感受大自然的神奇，还能激发其创造力和想象力。废旧物品如废旧纸盒、饮料瓶、旧衣物等，通过教师的巧手改造，可以变成各种手工艺品、科学小实验道具，既能培养幼儿的环保意识，又能锻炼其动手能力。例如，用废旧纸盒制作"小剧场"，让幼儿在表演中发展语言表达能力和社会交往能力；用饮料瓶制作"风铃"，让幼儿在动手制作中感受声音的美妙。

环境创设方面，我们打破常规，创造立体、互动的空间。如设置"文化长廊"，通过展示不同国家和民族的文化特色，包括服饰、手工艺品、节日习俗等，拓宽幼儿的文化视野，增进其对多元文化的理解和尊重。还可以创设"小小科学探索角"，提供显微镜、磁铁、万花筒等科学工具，激发幼儿对科学的兴趣和好奇心。

（二）由封闭到开放：赋予幼儿自主创设权

传统的环境创设多由教师主导，幼儿处于被动接受的状态，这不利于幼儿主动性和创造性的发挥。在新的理念下，我们将环境的创设权交给幼儿，让他们成为环境的主人。

教师应引导幼儿积极参与班级环境的规划与布置，尊重他们的想法和创意。在主题墙创设时，教师可以先与幼儿共同讨论主题，鼓励幼儿分享自己的理解和想法，然后根据幼儿的建议收集相关材料。在布置过程中，让幼儿亲手操作，如绘画、粘贴、搭建等，将自己的创意展现出来。这一过程不仅能锻炼幼儿的动手能力，还能增强其归属感和成就感。

在区域设置上，也应充分考虑幼儿的兴趣和需求。如设立"小小建筑师"区域，提供丰富的积木、建筑模型等材料，让幼儿自主设计和搭建各种建筑，满足其对空间构造的探索欲望。还可以设置"角色扮演区"，提供医生、厨师、消防员等职业服装和道具，让幼儿在角色扮演中体验不同职业的特点，增进对社会角色的理解。

（三）由教师为主导到幼儿为主体：凸显幼儿核心地位

在环境创设和材料投放过程中，必须牢固树立以幼儿为主体的观念，让班级环境成为幼儿表达自我、展示成长的空间。

教师要密切关注幼儿兴趣点与发展阶段，依其年龄特点和个体差异给予针对性引导。对于小班幼儿，环境应更温馨且富童趣，材料要简单易操作，如大型拼图、柔软玩偶、色彩鲜艳的图画书等，以满足其安全感与探索欲；对于中班幼儿，可增加挑战性材料和任务，如简单的科学实验器材、故事创编道具、角色扮演游戏等，促进其思维能力与创造力发展；对于大班幼儿，可提供更有深度和广度的环境与材料，如世界地图、历史文化资料、科学探索工具等，满足其探索欲与求知欲，为幼小衔接做好准备。

教师也要在环境中巧妙地设置问题和引导线索，促使幼儿在与环境的互动中不断思考和探索，促进其思维能力和综合素养的提升。

（四）由零星到整体：构建系统连贯的环境与材料体系

传统的环境创设和材料投放可能存在零星分散、缺乏系统性的问题。鉴于此，我们要致力于打造一个有机的整体。以 ACS 工具识别系统为例，它的设定是对于不同的区域（area）分别以不同的颜色（colour）系列予以不同的标志（sign），在后勤管理方面实现了区域和工具的系统整合，在教育教学环境中也可借鉴类似思路。环境创设应围绕统一的主题或教育目标展开，形成一个连贯的故事线或知识链。材料投放也应相互关联、层层递进，支持幼儿的深入学习和探索。如在开展"植物的生长"主题活动时，从种植区的植物种子、土壤、浇水工具，到图书区的植物科普书籍，再到美工区的植物绘画和手工材料，都应围绕主题形成一个有机的整体，让幼儿在不同区域的活动中不断深化对植物生长的认识，实现知识和经验的系统性积累。

第三节　保育保健之于质量管理的机遇和挑战

保育保健作为幼儿园教育的重要组成部分，对于提升教育质量、保障幼儿健康成长具有不可估量的价值。随着《评估指南》的出台，保育保健工作面临着新的机遇与挑战。本节将从保育保健在质量管理中的重要性出发，探讨当前面临的挑战与所处的困境，提出应对策略与途径，以期为幼儿园保育保健工作的优化提供有益参考。

一、保育保健在质量管理中的重要性

幼儿的身心健康与成长离不开精心的保育保健工作。通过合理的饮食结构、稳定的作息时间以及有效的疾病防治，我们为幼儿打造了一个促进其健康成长的环境。此外，一个高质量的保育保健体系对于提升幼儿园的教育品质至关重要，它确保幼儿在最佳状态下成长，从而推动他们的全面发展。高效而有条理的保育保健活动能够增强家长和社会对幼儿园的信心，为幼儿园的长远发展打下坚实的基础。

（一）保障幼儿身心健康

幼儿时期是人生发展的关键阶段，身体和心理都在经历着快速的成长与变化。保育保健工作通过科学的膳食营养搭配、规律的生活作息安排、及时的疾病预防控制等措施，为幼儿营造了一个健康、安全的成长环境，有效促进了幼儿身体机能的发育和心理素质的培养。

合理的膳食结构是幼儿健康成长的基础。幼儿园应根据幼儿的年龄特点、生理需求和饮食习惯，制订科学的膳食计划，确保幼儿摄入丰富、均衡、充足的营养，满足其生长发育的需要。如针对幼儿骨骼发育迅速的特点，我们可以在膳食食谱中增加含钙量较高的食物，如牛奶、虾皮、豆制品等，同时搭配富含维生素 D 的食物，如蛋黄、三文鱼、肝脏类等,以促进钙的吸收与利用。又如,针对幼儿抵抗力弱,免疫力低下等情况,在春秋季节流感高发时段,我们可以在食谱中适当增加富含维生素 C 等抗氧化的食物及高蛋白食物,如深色绿叶蔬菜、水果、肉类、海产等,提高幼儿抵抗力,降低流感患病的风险。这样的膳食搭配,既满足了幼儿的生长发育所需,又起到预防疾病的作用,为幼儿健康成长打下坚实的营养基础。

规律的生活作息安排对于幼儿的身心健康同样重要。幼儿园应制定合理的一日生活作息制度,确保幼儿有足够的睡眠时间、适当的运动时间和充足的休息时间。充足的睡眠有助于幼儿大脑的发育和记忆力的提高;适当的运动可以增强幼儿的体质和免疫力;充足的休息时间则可以让幼儿身心得到放松,更好地投入接下来的学习活动中。

疾病预防控制的及时性是保育保健工作的关键部分。幼儿园需要构建完善的疾病预防与控制机制,提升幼儿的卫生知识与健康管理水平,定期开展健康检查与疫苗接种,迅速识别并解决幼儿健康上的问题。采取这些方法,我们能够有效遏制传染病的扩散和蔓延,确保幼儿的健康。

(二)助力教育成效

在幼儿园的教育体系里,保育和保健活动起着极其关键的作用,它们是评价教育品质的关键指标。幼儿的身体健康直接影响到他们的学习状况和成果,是学习活动的基础。一个完善且高效的保育保健系统,能够保障幼儿拥有优质的教育和生活环境,让他们充满活力、精力旺盛地参与各种教育活动,进而大幅度提高教育的总体成效。

幼儿的学习之旅始于健康的体魄。只有当幼儿身体强健、充满活力时,他们才能全心全意地投入探索与发现的过程中,充分释放自身潜能。保育保健工作通过精心策划的膳食营养方案、科学规律的生活作息安排,为幼儿构筑起坚实的健康防线,为他们的学习之旅铺设了稳固的基础。

稳定的情绪同样是幼儿学习旅程中的重要助力。幼儿期是情绪发展的关键阶段，保育保健工作需密切关注幼儿的情绪变化与心理健康，积极引导幼儿建立有效的情绪调节机制，培养他们的情绪管理能力与社会适应能力。当幼儿情绪平稳、心情愉悦时，他们的注意力更加集中，想象力与创造力得以充分释放，进而推动学习能力与思维水平的显著提升。

此外，保育保健工作还能够通过健康教育活动，培养幼儿良好的卫生习惯、安全意识和自我保护能力。这些能力和习惯的培养不仅对于幼儿的身体健康有着重要的意义，也对于他们的全面发展有着深远的影响。如良好的卫生习惯可以预防疾病的传播和流行；安全意识可以让幼儿在日常生活中避免危险和伤害；自我保护能力则可以让幼儿在遇到紧急情况时迅速做出反应，保护自己和他人的安全。

（三）增强家长和社会信任

家长和社会对幼儿园的信任是幼儿园可持续发展的关键。高质量的保育保健工作体系能够有效保障幼儿的健康与安全，让家长放心地将孩子交给幼儿园，增强家长对幼儿园的信任度。

当家长了解到幼儿园在健康养育方面做得扎实有效时，他们的担忧和不安会随之消散，取而代之的是对幼儿园教育质量和服务水平日益增强的信任感。

譬如，在每一次幼儿健康检查后，幼儿园都会精心准备幼儿健康指标的详细解读与分析报告，并针对幼儿可能存在的健康隐患，提出专业且贴心的干预建议。这一举措让家长深切感受到幼儿园对每个幼儿的细致关怀与精心呵护，从而增强对幼儿园的好感与信任。

又如，当家长目睹每日一门四岗的安保以及校级领导与教师，在校门口热情迎送每一个幼儿时，他们对学校的安全指数自然有了更高的评价；加之幼儿园定期邀请家长进校园参与陪餐活动，让家长亲身体验食堂的膳食管理，并亲自参与巡视，这些举措无疑进一步加深了家长对幼儿园的信任与好感。

再如，当幼儿园连续多年传染病发病率保持低位，且未出现暴发与续发现象时，这些显著的成绩更是让家长深刻体会到幼儿园对孩子们无微不至的关爱与责任。这种深厚的情感纽带，让家长对幼儿园更加信赖。

良好的保育保健工作也能够提升幼儿园的社会声誉。当幼儿园在保育保健方面取得显著成效时，就会得到社会的认可和赞誉。这种良好的社会声誉可以吸引更多家长选择该幼儿园，为幼儿园的招生和发展创造有利条件。此外，良好的保育保健工作还可以促进幼儿园与社区、医疗机构等外部机构的合作与交流，共同为幼儿的健康成长贡献力量。

二、保育保健面临的挑战与困境

在保育保健工作的实践中，我们不难发现，这一领域正面临着诸多挑战与困境，这些难题不仅影响着保育保健工作的质量和效率，也制约着幼儿教育的全面发展。专业人才短缺是当前保育保健工作面临的一大难题，专业人才流失严重，培训体系不够完善，导致保育保健工作的专业性和连续性难以保障。设施设备的不足也是制约保育保健工作有效开展的重要因素，缺乏先进的医疗保健设备和合理的专用空间，使得幼儿园在应对幼儿健康检查和应急处理时力不从心。此外，家园合作中的难题也不容忽视，家长对保育保健知识了解不足，家园沟通不畅，导致保育保健工作的连续性和有效性大打折扣。

（一）专业人才短缺

当下，幼儿园保育保健工作的高质量开展，亟须专业知识与技能兼备的人才，然而现实却不容乐观，专业人才短缺问题日益凸显，难以满足不断提升的保育保健质量需求。

从人员构成来看，保健教师队伍多由非专业或医护转岗人员组成，他们的工作重心长期聚焦疾病治疗，与保健工作侧重预防监测的要求相距甚远。在岗保健人员大多未接受系统保育师技能培训，对保育工作内容与流程了解甚少，致使难以科学评估、指导保育员工作。保健人员职业上升通道狭窄，只能借助旁系列晋升，职业发展受限。

教师方面，他们虽在职前幼师教育中对保育知识有所涉猎，但入职后缺乏进一步的培训机会，这方面的专业素养难以持续提升。更为严峻的是，当前学前教育领域非专业从业人员的比例较高，其中不乏一些尚未结婚、没有育儿经验的教师。他们对幼儿的生理特征、成长周期等保育关键知识了解不足，面对幼儿日常保育需求时常力不从心，难以做出及时且恰当的回应。

幼儿园营养员队伍同样面临困境，薪资偏低难以吸引专业人才，导致营养员多为家庭主妇，虽持技能证书，但集体烹饪经验匮乏，菜肴质量难以保证。此外，"证技不匹"现象频发，部分营养员实际操作与证书水平大相径庭，尤其在面对大量幼儿时，精致菜肴难以实现。

（二）设施设备不足

保育保健工作的有效开展离不开完善的设施设备支持。然而，一些幼儿园在设施设备方面存在不足，难以满足保育保健工作的实际需求。

部分幼儿园缺乏先进的医疗保健设备，如幼儿专用的体检仪器、AED 之类的急症救助设备等往往阙如。这些设备的缺失导致在进行幼儿健康检查和应急处理时存在困难。例如，幼儿园缺少诸如 AED 之类的急症救助设备，当幼儿发生突发急救事件时，往往会错过最佳抢救时机，这不仅增加了幼儿的痛苦和生命风险，更会对幼儿园的应急处理能力和社会公信力造成负面影响。

此外，一些幼儿园的保健室、隔离室等专用空间设置不合理或面积不足。对于部分幼儿园而言，尤其是规模超过 12 个班级的幼儿园，其传染病消毒专间的配置显得尤为不足。这些幼儿园需要增设更多的传染病消毒专间,以确保能够充分满足传染病防治的实际需求,而非不分规模大小,一概而论地要求所有幼儿园均配备一间传染病消毒专间。这无疑给保育保健防病工作带来了极大的不便和挑战,使得控制传染病的传染源、切断传播途径、保护易感人群这三个关键环节难以得到有效落实。保健室也是幼儿园进行健康检查、疾病预防和控制的重要场所,但在一些历史较为悠久的幼儿园中,保育员专间的配置情况实在令人忧虑。不少幼儿园面临着保育员专间被全园共享,乃至出现同一楼层多个班级共同使用的窘境。这种配置不仅极大地阻碍了保育人员开展规范操作,还严重干扰了保育流程的有效执行路径,给日常保育工作带来了诸多不便与困扰。

(三)家园合作难题

家园合作是保育保健工作的重要环节,它对于幼儿的健康成长和全面发展具有重要意义。然而,在实际工作中,家园合作常常面临诸多难题。

1. 间接沟通产生信息误差

在幼儿园保育保健工作中,家园之间的间接沟通频繁引发信息误差。幼儿园有时通过通知、群消息等方式向家长传达幼儿的健康信息,由于缺乏面对面的交流,家长可能对信息理解有误。例如在通知幼儿接种疫苗的时间、地点及注意事项时,部分家长因未仔细阅读或理解偏差,导致错过接种时间,影响幼儿的健康防护。而家长反馈幼儿在家的健康状况时,若采用留言、电话等间接形式,幼儿园工作人员也可能遗漏关键信息,使保育保健工作的连续性被打断。

2. 养育观点有分歧

在抚养孩子的观念上,部分家长与幼儿园之间存在明显的差异,这严重妨碍了双方在幼儿保健工作上的合作。一些家长坚持传统的育儿理念,认为幼儿健康就不需要进行频繁的健康检查,对幼儿园定期组织的幼儿体检持不信任态度,认为这是多余的。在饮食习惯上,家长和幼儿园的看法也不尽相同，幼儿园强调营养均衡，但一些家长更倾向于满足幼儿的个人口味。当幼儿园实施健康饮食计划时，家长可能不会给予支持，甚至会准备不健康的零食，这削弱了幼儿园在幼儿保健方面所做的努力。

3. 对保健教师的专业有质疑

部分家长对幼儿园保健教师的专业能力存在质疑，这同样是家园合作的一大阻碍。由于保健教师队伍中有非专业或转岗人员，家长对其专业背景存疑，进而不信任保健教师给出的健康建议和措施。比如在幼儿生病时，保健教师给出护理和用药建议，家长却认为保健教师不如专业医生，拒绝采纳，自行采取其他方式，这不仅干扰了幼儿园的保育保健工作秩序，也可能影响幼儿恢复健康的进程。

三、应对挑战的策略与途径

在保育保健领域遭遇的诸多挑战和难题面前，我们应主动寻求并采纳有效的解决方案和途径，目的是全方位提高保育保健工作的水准和档次，确保幼儿的健康和全面成长得到稳固的基础和有力的支撑。《评估指南》的推出，让众多教育管理者能够更明确地识别学前教育的核心关注点，即重视保育与教育的均衡发展，这不仅是促进幼儿园高品质发展的核心战略，也是达成"一杆两枝，双枝并茂"管理目标的必经之路。

（一）加强人才培养与引进

我们应深刻认识到保育保健专业人才在幼儿教育工作中的重要性，加大对保育保健人才的培养与引进力度，努力打造一支高素质、专业化的保育保健队伍。

1. 加强在职人员培训，提升专业水平

我们需要规划详尽的培训方案，包括明确的培训目的、内容及方法，并定期安排保育保健人员参与专业和技能提升课程。培训应包括幼儿的生理、心理、营养以及疾病预防等多方面知识，确保所有从事幼

儿保育工作的人员能够全面了解并掌握必要的保育保健知识与技能。此外，幼儿园应定期邀请医疗保健领域的专家来园进行专题讲座和培训，以传播最新的保育保健知识和实际操作经验，助力保育保健人员不断刷新知识体系，提升其专业能力。

在培训方式上，我们可以采用线上线下相结合的模式，分别采取集中培训、分组研讨、头脑风暴、案例分析、实践操作等多种形式，结合保育保健工作的实际需求，注重培训的针对性和实效性。通过培训，保教人员将能够更好地理解幼儿身心发展的规律，掌握科学的保育保健方法，提高工作的专业性和有效性。

2. 提高岗位吸引力，吸引专业人才

强化保育保健工作专业力量，关键要提升岗位对专业人才的吸引力。我们需从改善薪酬待遇、优化工作条件、拓展职业发展空间等方面协同发力，为人才提供发展平台。薪酬待遇是衡量工作价值的重要指标，我们应秉持公平合理的原则设定保育保健人员薪酬标准，考量其付出与专业技能，确保收入与贡献成正比，提升职业认同感与工作满意度。关注保育保健人员职业发展需求很重要。我们既要鼓励更多的保健人员与教师参与保育师的职业技能培训，学习与掌握更多的保育知识与技能；又要构建多元化职业发展路径，如开辟晋升通道、提供转岗机会，激发保健人员与教师的工作热情与创新积极性，为工作注入活力。

外部人才引进也是优化保育保健团队的重要途径。我们可通过校园招聘挖掘新生力量，社会招聘吸纳成熟人才，扩充人才储备。招聘时要严格筛选标准，全面考查应聘者专业素质、实践经验、工作态度，只有这样才能选拔出胜任人才，推动保育保健工作持续、高质量发展。

3. 建立激励机制，激发工作热情

为了激发保育保健人员的工作热情和积极性，我们可以建立相应的激励机制。如设立优秀保育保健人员评选活动，对在工作中表现突

出的保育保健人员给予表彰和奖励；设立保育保健工作创新奖，鼓励保育保健人员积极探索新方法和新技术，提高工作的创新性和实效性。通过这些激励措施，我们能够激发保育保健人员的工作热情，提高他们的职业认同感和归属感。

（二）完善设施设备建设

设施设备是保育保健工作开展的重要物质基础。我们应积极争取政府、社会等多方支持，加大对保育保健设施设备的投入，完善相关硬件设施，为保育保健工作的开展提供有力保障。

1. 购置先进医疗保健设备，提高健康检查效率

依据保育保健工作的具体需求，我们需采购尖端的医疗保健设施，包括专为幼儿设计的体检设备、急救器具等。这些设施有助于精确监测幼儿的健康状况，及早识别出健康隐患，确保幼儿健康成长。此外，尖端的医疗保健设施还能提升健康检查的效率，例如利用 AI 机器人、晨检观察仪等，减轻保育保健人员的工作压力，让他们能更专注于为幼儿提供个性化的健康管理服务。

2. 合理规划和设置专用空间，满足保育保健工作需求

我们应合理规划和设置保健室、隔离室、保育专间及传染病消毒专间等专用空间，确保这些空间能够满足保育保健工作的实际需求。保健室应配备必要的医疗设备和药品，为幼儿提供基本的医疗服务和健康咨询。隔离室则应用于隔离传染病幼儿或疑似传染病幼儿，防止疾病的传播和扩散。在设置这些专用空间时，我们要充分考虑功能性、安全性和舒适性，为幼儿提供良好的保健服务和隔离观察条件。

3. 加强设施设备维护和管理，确保正常运转

为保障设备设施的正常运行及安全使用，我们必须强化对现有设备设施的保养与监管。如我们可以设立设备设施的周期性检查机制，定期执行检查、维护和保养工作，以保持其最佳工作状态。此外，我们还需严格规范设备设施的使用流程，制定明确的使用规则和操作指南，以避免因操作失误或疏忽而引发设备设施损坏或安全事故。

（三）强化家园合作机制

家园合作是保育保健工作的重要环节。我们可以建立完善的家园合作机制，加强与家长的沟通合作，共同做好幼儿的保育保健工作。

1. 加强家长保健知识宣传教育，提高重视程度

我们需强化对家长的保健知识宣传与教育，利用家长会、讲座、宣传册等多种渠道，向家长普及幼儿保健知识，提升他们对幼儿保健工作的关注。宣传内容应包括幼儿的饮食营养、疾病预防、心理健康等多个领域，以便家长全面掌握幼儿保健的相关知识和技巧。通过这样的宣传教育，家长将更深刻地认识到幼儿保健工作的重要性，并能积极与幼儿园合作，共同促进幼儿的健康成长。

2. 畅通家园沟通渠道，及时反馈幼儿健康状况

为了增进与家长的联系与协作，我们需确保家园沟通的畅通无阻，创建家园联系册、微信群、电话等多种沟通方式。利用这些沟通手段，我们能够迅速向家长报告孩子在园的健康和保育情况，让家长掌握孩子在园的表现及成长进展。此外，我们应主动吸纳家长的反馈和建议，深入了解他们对保育保健工作的具体需求和期待，以便持续优化和提升我们的保育保健服务。

3. 搭建家长会平台，展现保健专业力量

我们需积极为保健人员创造展示专业的契机，新学期定期召开的全园家长会便是关键平台。这不仅能强化家园沟通，还能提升家长对健康教育的认知与参与度。

在家长会上，保健教师利用收集到的包括身高、体重、视力、听力以及心理健康等多个方面的幼儿健康数据，进行深入的分析和解读，全面展示幼儿的身心发展情况。通过比较数据，保健教师准确地识别出生长发育的问题和趋势，并向家长提供科学且客观的健康指导。接着，基于分析结果，保健教师为不同年龄段和健康状况的幼儿制定相

应的干预措施。如对于营养不良或体重过重的幼儿，我们提供饮食和运动的建议；对于视力或听力有障碍的幼儿，则建议及时就医；对于心理上有困扰的幼儿，提供心理咨询和引导。

为了让更多的家长信服，保健教师在提出干预措施时，应兼顾科学性和实用性。他们可以通过分享成功案例、引用权威研究数据等方法来增强措施的说服力。保健教师还可以与家长进行深入交流，了解他们的需求和疑惑，为他们提供个性化的指导和建议。

4. 建立家园共育机制，形成教育合力

为了更好地发挥家园合作在保育保健工作中的作用，我们应建立家园共育机制，形成教育合力。家园共育机制包括定期召开家长会、成立家长委员会、开展家庭访问等多个方面。通过定期召开家长会，我们可以向家长通报幼儿园的保育保健工作情况，听取家长的意见和建议，共同探讨幼儿保育保健工作的策略和方法。成立家长委员会则可以让家长更直接地参与幼儿园的管理和决策过程，为幼儿园的保育保健工作提供有力支持。开展家庭访问则可以让教师更深入地了解幼儿的家庭环境和成长情况，为制定个性化的保育保健计划提供有力依据。

在家园共育机制中，我们要充分发挥家长的积极性和创造性，鼓励家长为幼儿园的保育保健工作出谋划策、贡献力量。当然我们还应加强对家长的培训和指导，提高家长的教育素养和育儿能力，使家长能够更好地配合幼儿园开展保育保健工作，共同为幼儿的健康成长和全面发展贡献力量。

第二章
高质量视域下的保育保健之行

　　在深入探讨高质量视域下保育保健管理的实践路径时，我们不禁思考：如何在新时代背景下，以科学的理念和创新的手段，全面优化幼儿园的保育保健工作？本章将深入探讨这一主题，从理论到实践，从宏观到微观，全面剖析高质量视域下保育保健管理的路径与策略，为幼儿园保育保健工作的优化提供有益的思考与借鉴。

第一节 基于标准的顶层设计

在当今幼儿教育领域，保育保健工作的重要性愈发凸显，已成为推动幼儿园高质量发展的核心要素之一。随着教育理念的不断更新与深化，我们深刻认识到传统的保育保健模式亟待革新。如何基于先进标准构建顶层设计，打造全新体系与机制，在严格执行国家课程中融入创新实践，成为我们亟待探索的关键路径。

一、课程领导力提升与保育保健新体系构建

在高质量视域下，保育保健工作不再仅仅是简单的日常照料与疾病预防，而是与幼儿园的整体教育目标、课程实施紧密相连。提升课程领导力，构建保育保健新体系，是推动幼儿园保育保健工作高质量发展的重要途径之一。

（一）课程领导力对保育保健工作的引领作用

课程领导力是指教师或校长为了实现课程愿景，提升学生学习品质，在课程设计、开发、实施和评价等课程实务过程中，基于自身经验，对课程活动相关成员进行引领和指导的能力。对于保育保健工作而言，课程领导力同样具有不可忽视的引领作用。

1. 明确课程航标，照亮保育保健发展之路

曹杨新村幼儿园秉承"朝阳、绿色、成长"的教育理念，以"绿色"为核心，"共生"为关键，通过多元化的课程设计，促进幼儿的全面发展。我们致力于打造一个融合多元、全面发展的教育体系，旨在帮助每个孩子实现全面而充实的成长。我们明白一个明确且长远的课程理念和目标是提升课程领导力的基础，也是指导保育工作的明灯。它指引我们稳步前进，在保教结合的实践中不断进步。

在精心策划与修订《曹杨新村幼儿园课程实施方案》的过程中，我们坚定不移地围绕这一核心理念，不断精进课程架构，细化课程目标，确保每一项教育活动都能精准对接幼儿园的整体教育愿景，形成一股强大的课程领导力。这股力量不仅驱动着教育内容的创新与深化，更在无形中塑造着保育工作的新面貌，推动保育保健新体系的构建。

当然保育与教育相辅相成，缺一不可。在课程领导力的引领下，我们致力于将保育工作融入教育的每一个环节，通过优化幼儿生活照顾、健康监测、心理关怀及环境创设等多维度措施，构建一个既关注幼儿身体健康，又重视其心理健康与个性发展的保育保健新体系。这一体系不仅强化了保育工作的专业性，更提升了其在促进幼儿全面发展中的核心价值，有利于实现保育与教育在理念与实践上的深度融合共生。

2. 深化课程内容与结构革新，融入保育保健新标准

在优化课程内容层面，我们紧密贴合幼儿成长阶段特性，实施差异化教学策略。针对托小班幼儿，课程重心倾向于生活照料，以此营造温馨、关怀的成长环境。而对于中大班幼儿，我们则适度减少直接的生活照顾内容，转而侧重于培养其独立自主的生活能力，特别强调体育运动与知识学习的双重强化，旨在促进幼儿身心均衡发展。（见表2-1）

表 2-1　课程配比表

活动类别	小班		中班		大班	
	一日活动时间（分钟）	占一周时间（2400分钟）的比例	一日活动时间（分钟）	占一周时间（2400分钟）的比例	一日活动时间（分钟）	占一周时间（2400分钟）的比例
生活活动	920	38%	770	32%	620	26%

（续表）

活动类别	小班		中班		大班	
	一日活动时间（分钟）	占一周时间（2400分钟）的比例	一日活动时间（分钟）	占一周时间（2400分钟）的比例	一日活动时间（分钟）	占一周时间（2400分钟）的比例
学习活动	200	8%	300	13%	400	17%
游戏活动	400	17%	400	17%	400	17%
运动活动	400	17%	450	19%	500	21%

关于课程结构的改进，我们不仅关注时间安排的合理性，还努力打造一个与幼儿保健体系互相支持的课程体系。如对于托儿所和小班的幼儿，我们灵活地调整了接送时间，推行了"晚到早离"的温暖接送方式，以符合他们的生理节奏和家庭需要。此外，我们还适当增加了午休时间，保证幼儿有足够的休息；将午餐时间稍微提前，有助于培养他们良好的饮食习惯。这些细节上的调整，都充分展现了我们对幼儿身心健康成长的深切关注。

通过课程内容与结构的双重优化，我们不仅丰富了教学活动的内涵，更在无形中构建了一个全面、细致的保育保健体系，确保幼儿在快乐学习中健康成长，每一环节都紧密相连，共同支撑起幼儿全面发展的坚实基础。

3. 搭建家园桥梁，共绘保育保健新篇章

家庭与学校的协同教育是增强课程引导能力的关键方式之一。我们清楚地认识到，家庭是幼儿成长的首要背景，而家长则是幼儿成长过程中不可或缺的指导者。基于此，我们持续强化与家长之间的交流与协作，携手促进幼儿的全面进步。

我们采取多种途径和方法，增进与家长的互动和交流。如我们定期举办家长会、家园互动活动等，向家长阐述幼儿园的教育理念、课程安排以及教学活动的详情，并征求家长的反馈和建议。我们还通过家园联系册、微信公众号等媒介，及时向家长报告幼儿在园内的表现和成长，以提升家长对幼儿园教育的信心和支持。

我们同样重视家长在课程执行过程中的重要角色。通过参与课程开发、教育活动以及志愿服务等，家长能够直接感受幼儿园的教育环境与氛围，从而更深入地理解并认同幼儿园的教育理念。如在"亲子食间"活动中，我们邀请家长与孩子一起参与食物的制作与品尝，这不仅加强了亲子间的情感联系，还提高了家长对幼儿园饮食管理的满意度和信赖感。

4. 确立评估体系，引领课程科学前行路

课程评估是提升课程领导力的重要环节。我们要建立科学的课程评估体系，对课程实施效果进行全面评估。评估内容应包括课程目标达成情况、课程内容适宜性、教学方法有效性、幼儿发展情况等方面。评估方式应多样化，可以采用观察记录、问卷调查、个案研究等方法，确保评估结果的客观性和科学性。

（二）保育保健新体系构建

保育保健工作是幼儿园教育的重要组成部分，直接关系到幼儿的身心健康和全面发展。我们始终将保育保健工作放在幼儿园工作的重要位置，通过构建科学、规范的保育保健新体系，为幼儿的健康成长提供有力保障。

1. 完善保育保健制度

保育保健制度是保育保健新体系的基础。幼儿园根据《幼儿园工作规程》和《托儿所幼儿园卫生保健工作规范》等国家标准，结合本园实际，制定和完善各项保育保健制度，包括幼儿健康检查制度、疾病防控制度、膳食管理制度、环境卫生制度、安全管理制度等，确保各项制度落实到位。

2. 加强保育保健队伍建设

保育保健新体系的关键在于拥有一支强大的保育保健队伍。幼儿园须有专职的保健医生和保育员，并应采取多种措施来提升这支队伍的专业技能和成长。我们能够邀请专家来举办专门的培训课程，安排保育保健人员参与各类培训课程和研讨活动，以及开展以幼儿园为基础的保育保健研究与教学活动，以此不断提高保育保健人员的专业知识和执行任务的能力。

3. 优化幼儿膳食管理

幼儿膳食管理是保育保健新体系的核心组成部分。幼儿园需严格依照《幼儿园膳食管理办法》和《幼儿园营养膳食指南》等规范，科学制订幼儿膳食计划，合理搭配膳食结构，确保幼儿获得充足的营养。我们定期开展膳食营养分析，及时优化膳食结构，以适应幼儿各成长阶段的营养需求。

4. 加强幼儿健康检查和疾病防控

幼儿健康检查与疾病防控是保育保健新体系中的关键环节。幼儿园定期安排幼儿进行健康检查，建立健全的幼儿健康档案，以便及时发现并处理幼儿的健康问题。此外，还应强化疾病防控工作，制定并严格执行传染病防控措施，定期对环境进行消毒，确保幼儿在园期间的健康与安全。

5. 营造安全、卫生的园所环境

园所环境是构建保育保健新体系的重要基石。幼儿园强化了园所环境的安全与卫生管理，定期开展安全检查和环境消毒工作，以保障园所环境的安全性和卫生性。还科学规划和精心布置园所环境，提供适宜幼儿活动的场地及设施，确保幼儿在园期间的活动既安全又舒适。

6. 开展健康教育和保健宣传

健康教育和保健宣传是保育保健新体系的重要内容。幼儿园通过多种途径开展健康教育和保健宣传，提高幼儿和家长的健康意识和保健知识。我们通过健康讲座、健康知识竞赛、健康宣传栏等形式，向幼儿和家长宣传健康知识和保健常识，以增强幼儿和家长的健康意识和自我保健能力。

二、闭环系统与螺旋提升机制

在持续推动保育保健工作的过程中，建立高效的闭环系统和螺旋式提升机制尤为关键。该机制重点涵盖制度构建、专业训练、监督管控、科学评估以及针对问题的改进等关键步骤，这些步骤相互支持，共同推动保育保健工作品质的持续提高。

（一）制度保障：稳固工作基石

完善且严谨的制度体系是保育保健工作有序运行的根本保障。我们制定了涵盖保育保健各个方面的详细制度，如《卫生消毒制度》明确规定了园内环境、玩具、餐具等的消毒频率、方法和责任人，确保幼儿生活学习环境的卫生安全；《幼儿健康检查制度》规范了入园体检、定期体检以及日常晨检的流程和标准，及时发现幼儿潜在的健康问题。

在职责分配上，明确保健教师、保育员、教师等角色在幼儿保健工作中的任务。保健教师全权负责幼儿园的卫生保健管理，涵盖疾病预防和健康档案维护；保育员主要负责幼儿的日常生活照护和班级清洁；教师在授课时需融入健康教育，留意幼儿的身心健康。

此外，设立严格的监督和奖惩体系。组建监督团队，定期审查制度的执行情况，并对不足之处进行及时的整改和记录。对于那些严格遵守规定、表现卓越的员工，予以表扬和奖励，例如授予"保育保健优秀工作者"称号；对违反规定的个人则要采取措施，如扣减绩效或批评教育，以此保证制度的严肃性和有效性，确保保育保健工作有序、规范地进行。

（二）专业培训：提升人员能力

提升保育保健团队素质的关键在于专业培训。培训内容需依据岗位需求与行业发展精心策划。针对保健教师，应实施幼儿营养与膳食管理培训，以便其深入理解幼儿各阶段营养所需，制订出科学的食谱；组织疾病防控知识培训，让教师掌握常见传染病的预防、诊断及处理技巧，增强应对突发公共卫生事件的本领。

保育员的培训重点在于提升实际操作技能，涵盖幼儿日常生活护理的技巧，例如，恰当的穿衣和喂饭技术，以及对特殊幼儿的护理重点；还包括班级卫生清洁与消毒的规范培训，确保他们能够熟练地掌握消毒液的调配和使用技巧，维护班级环境的清洁与卫生。

教师的培训则着重于将健康知识融入教学之中，例如通过健康主题的教学方法培训，教授教师如何运用生动有趣的方式向幼儿传授健康知识，培养幼儿良好的生活习惯和健康意识。

培训方法可以结合线上与线下，邀请专家开讲座，组织园内经验交流分享会，开展实地观摩学习等，不断更新和丰富保育保健人员的专业知识与技能，为工作的高质量开展提供有力支持。

（三）有效检查：保障工作质量

确保保育保健工作达标的关键在于检查。我们设立日常巡查机制，指派专职人员每天对教室、食堂、保健室等关键场所进行检查。在教室，我们要检查幼儿的生活环境是否干净舒适，例如温度、湿度是否适宜，床铺是否整理得当；同时观察保育员在幼儿活动中的护理是否得当，比如幼儿户外活动时的安全防护措施是否得到执行。在食堂，我们要检查食品采购、储存、加工等环节是否符合食品安全标准，包括食材的新鲜度、食品加工过程的卫生规范、餐具消毒情况等。在保健室，检查药品和医疗器械的管理是否规范，幼儿健康档案的记录是否完整准确。

我们还要加强对重点环节和关键时段的监控，如传染病高发期，增加检查频次，重点检查班级的消毒措施执行情况、幼儿的健康状况监测等；在幼儿用餐时间，检查幼儿饮食情况和食堂供餐服务质量，确保保育保健工作在各个环节都能严格执行标准，保障幼儿的健康与安全。

（四）科学评价：明确工作成效

客观准确的科学评价体系有助于衡量保育保健工作的成效。我们建立了包含多方面评价标准的体系，涵盖幼儿身体成长指标，例如身高、体重是否遵循生长曲线，以及视力、牙齿健康状况的改善；评估幼儿健康行为的培养，比如是否形成了勤洗手、定时饮水、规律作息等良好习惯；家长对保育保健工作的满意度也是评价的关键方面，通过调查了解家长对幼儿园在饮食、健康照护、疾病预防等方面的看法和建议。

我们也综合运用多种评价手段，结合定量与定性评价方法，如定期对幼儿健康检查数据进行定量分析，观察不同时间点的数据差异，评估保育保健措施对幼儿身体成长的作用；通过家长问卷、教师自评和互评、幼儿参与评价等定性活动，收集不同方面的意见和反馈，全面掌握保育保健工作的优势与缺陷，为持续改进提供坚实依据，确保评价结果真实反映工作情况。

（五）改进措施：追求卓越优化

改进是闭环系统与螺旋提升机制的核心环节，它能够根据评价结果，对幼儿园的各项工作进行持续优化和提升。幼儿园要建立完善的改进机制，明确改进的目标、措施和责任人。对于检查和评价中发现的问题，我们要深入分析原因，制定切实可行的改进措施，并明确责任人和完成时限。

例如，如果在教育教学评价中发现教师的教学方法不够新颖，幼儿园可以为其提供相关的培训资源，鼓励教师学习先进的教学理念和方法，并安排经验丰富的教师进行指导。幼儿园还可以定期组织教学观摩活动,让教师相互学习、相互借鉴,共同提高教育教学水平。对于改进措施的落实情况,我们要进行跟踪检查和评估,确保改进工作取得实效。

此外,幼儿园还要注重总结经验,将改进过程中取得的成果和经验进行归纳和总结,形成可复制、可推广的管理模式和方法,为幼儿园的持续发展提供有力支持。通过不断地改进和优化,幼儿园能够持续提升教育质量和服务水平,实现从优秀到卓越的跨越,为幼儿的健康成长和全面发展提供更加优质的教育环境。

三、园本实践中的亮点与创新

在幼儿园的园本实践中,亮点与创新是推动教育质量提升和园所特色发展的重要动力。以下将从班级协同保育工作计划、体弱幼儿定制化健康提升计划、信息化保育操作规范支持系统三个方面,具体论述这些亮点与创新如何在实践中发挥作用,以促进幼儿园保育工作的优化与提升。

（一）班级协同保育工作计划

幼儿园的班级协同保育工作计划作为保育工作的一项创新,展现了团队协作的重要性。计划由教师和保育员共同制订,保教团队对幼儿的健康状况进行了全面的评估,包括生长发育指标、常见疾病、过敏史等,确保对幼儿整体健康状况的精确了解。

对于健康状况较差的幼儿,保教人员深入分析了他们的具体情况,包括健康问题的根源、症状表现以及日常护理需求。此外,保教人员还细致观察并记录了幼儿的卫生和生活习惯,例如洗手、饮食、睡眠等,以便识别保育和健康方面的潜在问题。

保教人员利用他们的专业知识和紧密合作,对收集到的数据进行全面的分析和评估,从而创建了一个符合班级特点的保育工作蓝图。这个计划包括日常保育的各个领域,如晨检、午检、消毒、通风、饮食和睡眠护理等，并为每个幼儿量身定制了个性化的护理方案。

曹杨新村幼儿园保育工作操作指南

1. 来园环节要点

人员仪表规范：工作人员依季更换工作服，保持仪表整洁，严禁披发、留长指甲及佩戴饰品，上岗前洗净双手。

环境创设关键：每日多次通风，清洁消毒茶杯架、教室物体表面，检查并清理不安全物品，摆放好茶杯与适宜温度白开水，整理盥洗室。

站岗指导职责：按时到岗，微笑迎接幼儿，依据幼儿年龄差异指导做好"来园三件事"，培养自理与互助能力。

2. 运动环节要点

运动前筹备要点：清理场地与器械，依据要求摆放器械，整理保育用品，查看幼儿状况，做好幼儿保暖辅助。

运动中保育要点：观察幼儿面色、精神等，询问需求，触摸颈部、额头、腹部判断状况，收纳幼儿衣物等。

运动后整理要点：平稳幼儿情绪，逐步减少运动量，增添衣物，归位运动器械，遵循运动负荷原则。

3. 早点环节要点

餐前准备要点：规范清洁消毒桌面，依年龄准备餐具、奶量、饼干，注意消毒桶加盖与桌面保护。

点心进食要点：依幼儿人数安排用餐，按时准备，指导幼儿科学进食并提醒漱口擦嘴。

餐后整理要点：待最后一名幼儿离座后，用洗洁精及温水清理桌面。

---

4. 午餐环节要点

餐前准备关键：严格清洁消毒桌面与餐车，洗净双手、佩戴"三白"取餐，合理分发、摆放餐食，兼顾特殊幼儿。

进餐保育重点：控制进餐时间，体弱幼儿先用餐，遵循少食多餐、细嚼慢咽的原则，保持进餐环境安静，提供适宜食物。

餐后整理事项：用温水洗洁精清理桌面后再用清水擦拭，送还餐具，指导幼儿正确漱口，关注过敏体质幼儿。

5. 午睡环节要点

午睡前准备重点：营造良好的睡眠环境，清洁地面，整理床铺，依季节规范折叠被褥。

午睡中保育核心：做好窗户"两开两关"，睡前安检，不离人巡视，关注特殊幼儿，保证睡眠时间。

6. 盥洗环节要点

盥洗前准备事项：备齐用品，确保盥洗室防滑、通风与干燥，按要求清洁消毒。

盥洗中保育操作：做好排便护理与观察，规范便器放置与使用，提醒幼儿大小便，培养良好习惯。

盥洗后清洁要求：擦干台盆，补充毛巾与便纸，冲净便器，保持地面干燥。

7. 饮水环节要点

饮水前期准备：清洗茶桶、备杯与足量适温饮用水，茶桶上锁，规范摆放茶杯。

饮水卫生准则：幼儿喝水前洗手，拿稳水杯并归位，小口尝水防烫，避免说笑呛咳，运动前、饭前少喝水。

（二）体弱幼儿定制化健康提升计划

幼儿园的保育工作始终将体弱幼儿的健康视为核心关注点和挑战。为了有效推动幼儿健康成长，园方推出针对体弱幼儿的个性化健康增进方案。该方案以保健教师为主导，综合班级教师对幼儿身体状况、饮食偏好、日常活动等多角度的观察和记录。

保健教师还深入调查体弱幼儿的家庭生活背景，包括家庭成员的健康状况、家庭饮食习惯、生活环境等，以获取最全面的健康信息。在此基础上，保健教师精心编制了一份详尽且周全的健康提升计划。该计划不仅注重体弱幼儿体质的逐步增强，还融入心理关怀与家庭支持的元素，力求从多维度促进幼儿的健康成长与全面发展。

针对体质提升，方案中规划了科学且适宜的体育活动，考虑到体质较差孩子的身体条件和个人喜好，挑选了合适的运动类型和活动强度，例如基础体操、户外活动等，旨在提高他们的身体素质。方案还对饮食进行了优化，增加了富含蛋白质、维生素和矿物质的食物，以满足这些孩子成长所需的营养。（见表2-2）

表2-2　体弱幼儿健康提升计划

姓名	小明	性别	男
出生年月日	2019/8/12		
类别	肥胖	病因	重度肥胖
诊断日期	2023/4/27	结案日期	
病因分析	一、情况分析 小二班小明小朋友，于2023年4月幼儿体格检查时，体重为22.45 kg，身高为104 cm，按照《7岁以下儿童生长标准》，小明小朋友属于重度肥胖。针对他的这种情况，我请家长填写了"体弱儿病因调查问卷"，通过调查了解孩子肥胖的发病原因，便于我们进行矫治。通过问卷调查，我们了解到小明食欲很好，家长认为幼儿吸收太好，但是运动量少		

（续表）

病因分析	二、问卷调查分析 1. 基本情况：该幼儿在出生时体重 3.5 kg，后期为混合喂养，且幼儿吸收好 2. 饮食习惯：用餐时间固定，不存在边吃边玩的现象，吃饭时不要家里人喂饭，也基本没有挑食偏食的习惯；用餐时也无汤泡饭 3. 生活习惯：夜间睡眠 10 小时。睡觉不怎么出汗，大便规律。在家户外活动 1 小时以内，甚至更少 4. 肥胖原因：家长认为有三点，食欲太好，吸收太好，运动少
矫治计划	1. 采用家园结合的方式，建议家长在家中保证膳食多样性，每顿都应该有绿叶蔬菜，每天至少有一顿豆制品，同时烹调时尽量以清淡为主。保证充足的微量元素和矿物质的摄入量，同时应保证充足的饮水量 2. 在家中和幼儿园午餐前给孩子喝汤，同时控制进餐速度，不宜过快 3. 限制糖与甜食的摄入，主食应粗细杂粮混用，逐步改掉爱吃零食的习惯 4. 限制高脂肪食品，特别是家中尽量不买肥肉类食品，适当提高优质蛋白质供给量 5. 幼儿园教师和家长应共同纠正幼儿不良的饮食习惯，应该鼓励幼儿多吃绿叶蔬菜，增加膳食纤维的摄入，促进新陈代谢 6. 教师和保育员应注意该幼儿的运动护理，在运动时保育员应注意在幼儿的后背垫毛巾，同时鼓励多运动，并做好运动记录 7. 保健教师应该按时测量该幼儿的身高、体重，并将结果及时和家长沟通，做好观察记录，加强注意后续午餐、午睡和运动情况，发现问题及时解决

（三）信息化保育操作规范支持系统

在信息技术飞速发展的今天，幼儿园积极引入信息化手段，创新保育工作模式，建立信息化保育操作规范支持系统。该系统通过精心拍摄一系列可视化操作视频，为保育员提供了直观、标准的操作指南。这些视频涵盖了日常保育工作的各个环节,如晨检、午检、消毒、通风、饮食护理、睡眠护理等,还详细展示了针对特定情境下的最佳实践方法。

对于在岗的保育工作者来说,这些视频是操作规范的有力支持。他们可以在日常操作中随时观看视频,对照标准流程进行自我评估和修正,从而不断提高个人的专业技能和工作效率。比如,在执行消毒任务时,保育员可以通过视频学习正确的消毒剂混合比例、操作方式以及所需时间,确保消毒活动既规范又有效。

对于刚加入保育行业的新人来说,这些视频是职前培训的宝贵资料。在正式工作前,他们可以利用视频快速了解保育工作的流程和标准,掌握关键技能,以便更快地适应团队环境。例如,在新员工的培训阶段,通过视频学习幼儿园的保育制度、幼儿日常护理技巧等,为顺利开展工作奠定坚实基础。

另外,幼儿园还建立了信息化保育操作规范支持系统的更新与维护体系。随着保育工作的进步和变化,定期对视频内容进行更新和改进,保证其始终与最新的保育要求相符。组织保育员观看视频后交流讨论,收集他们的反馈和建议,持续优化视频内容和形式,提升其实用性和有效性。

这一创新举措,不仅强化了保育队伍的专业能力,还推动了保育工作向更加标准化、智能化的方向发展,为幼儿园保育工作的高质量发展提供有力支持。

四、园本创新做法与课程融合

园本创新是推动幼儿园特色发展、提升教育质量的关键。我们始终致力于探索和实践园本创新做法,将食育、行走课堂、口腔健康等特色课程有机融合,为幼儿的全面发展奠定坚实基础。

(一)食育课程的创新与实践

食育,作为我园的一六特色,不仅关乎幼儿的身体健康,更是情感、认知、经验等多方面成长的重要途径。我园创造性地提出"喜欢吃饭、学习吃饭、好好吃饭"的食育理念，通过全天候营养膳食、议食机制、分食常态、探食活动等多维度实施，将食育融入幼儿的一日生活之中。

1. 全天候营养膳食

我们设计了覆盖全天的营养膳食食谱，确保幼儿在园期间及回家后的饮食都能得到科学合理的搭配。通过线上线下的全方位宣传教育活动，如每周推送全天候营养食谱、每月推送膳食烹饪课程、每学期开展营养膳食主题会等，这不仅提升了家长的营养膳食理念，也促进了家园共育，共同保障幼儿的营养均衡。

2. 议食机制与分食常态

我们建立了独特的"议食"机制，鼓励幼儿参与食谱的商讨，致力于实现"我吃什么我做主"。我们还通过"分食"常态机制，培养幼儿根据自身需求取餐的能力，增强他们的自主性和责任感。此外，我们还结合劳动教育，开展"探食"活动，让幼儿亲身探索和参与食物的种植、养护、采摘等，体验劳动的艰辛与食物的珍贵。

（二）行走课堂的探索与融合

行走课堂是我们在全人教育理念下的一项创新实践，旨在通过校外体验活动，促进幼儿身体、情感、认知及社交能力的全面发展。

1. 知行合一的课程理念

行走课堂秉承知行合一的原则，将学习活动与真实环境相融合。以上海动物园秋游活动为例，孩子们自主设计行程计划，观察动物习性，感受自然之美。这不仅提升了他们的组织沟通能力和团队合作精神，也锻炼了身体协调性和耐力。

2. 融境践学的实践框架

我们构建了"融境践学"的实践框架，将课程目标设定为多维度发展，涵盖身体发展、情感与心理发展、认知发展及社会交往发展。课程内容则涵盖自然探索、社区文化体验、历史遗迹寻访等多个方面，通过"小项目旅行日"制度，使课堂真正运行起来，确保课程的有效实施。

（三）口腔健康教育的特色与融合

口腔健康是幼儿身心健康的重要组成部分。我们针对幼儿饮食行为与口腔健康的关联性进行深入研究，并实施多项干预策略。

1. 问卷调查与口腔普查

通过问卷调查和口腔普查，我们了解了幼儿家庭饮食行为及口腔健康的现状，发现不良饮食行为与口腔疾病的高发密切相关。鉴于此，我们制定了《幼儿健康饮食行为评价指南》，为幼儿养成良好的饮食行为习惯提供了科学依据。

2. 多维度干预策略

我们通过实施家园共育、责任担当、循循善诱等共性策略，以及私人定制、兴趣激发、激励机制等个性策略，全方位提升幼儿的口腔健康意识。例如，通过家长会、宣传栏等多种渠道向家长宣传正确的刷牙方法和良好行为习惯的重要性；在幼儿园设置"微笑从'齿'开始"健康宣传角，营造关注口腔健康的良好氛围。

3. 课程融合与持续跟踪

我们将口腔健康教育融入日常教学活动之中，通过健康课、小广播等形式向幼儿普及口腔健康知识。同时，对实验组幼儿进行跟踪观察和数据分析，及时调整干预策略，确保教育效果的最大化。

（四）为弱视幼儿提供矫治服务

弱视是一种常见的幼儿眼病，严重影响幼儿的视力和生活质量。为了及早发现和矫治弱视幼儿，我们采取了以下措施：

1. 定期视力筛查

我们定期组织专业眼科医生为幼儿进行视力筛查，及时发现弱视等视力问题。对于筛查出的弱视幼儿，我们及时与家长沟通并建议到专业眼科医院进行进一步检查和治疗。

2. 个性化矫治方案

针对弱视幼儿的个体差异和视力状况，我们制定了个性化的矫治方案。通过佩戴眼镜、进行视觉训练等方式帮助弱视幼儿改善视力状况，提高生活质量。我们还注重与家长的沟通和协作，为弱视幼儿的矫治工作提供支持和帮助。

通过这些创新做法与课程融合，我们不仅丰富了幼儿的学习内容，还提升了他们的综合素质，为他们的全面发展奠定了坚实的基础。

第二节　服务幼儿的过程实施

　　服务幼儿的过程实施是幼儿教育的核心环节，其质量高低直接影响着幼儿的成长与发展。随着社会的进步和教育理念的革新，对幼儿园服务的要求已从基础保障迈向精细化、科学化、均衡化与特色化的多元融合。保育工作作为幼儿成长的基石，其精细化与个性化的推进，旨在为幼儿营造无微不至的生活关怀环境；保健管理的科学化与人文化，如同坚实的护盾，保障幼儿健康茁壮成长；而营养服务的均衡化与特色化，则似营养源泉，为幼儿的身体发育和智力提升提供充足动力。

一、保育工作的精细化与个性化

　　保育工作的质量不仅影响幼儿的健康和心理，也是幼儿园教育品质的关键部分。随着教育观念的持续进步和社会对幼儿教育标准的不断提升，我们认识到旧有的照顾模式已经不能满足现代的需求，所以我们积极寻找照顾工作的细致化与个性化方法，努力为每个幼儿提供最合适的照顾服务。

（一）保育工作的精细化

1. 构建精细管理体系

（1）明确工作标准流程

　　依据幼儿年龄特点与成长需求，我们制定了全面细致的保育工作标准及流程。从幼儿入园晨检，需保育员仔细检查精神状态、体温、皮肤、五官等情况并做好记录，到日常饮食环节，制订科学膳食计划，保证营养均衡，同时培养幼儿定时定量进餐、细嚼慢咽等良好习惯，在午睡管理、卫生消毒、户外活动、安全教育等各个环节，都有明确且具体的操作要求。（见表2-3）

表2-3 美墅幼儿园营养员一日工作流程表

时间	工作流程（幼儿菜肴烹饪员）	注意事项	时间	工作流程（教师菜肴烹饪员）	注意事项	时间	工作流程（备餐员）	注意事项
6：30 — 6：38	• 更换工作服 • 流动水洗手 • 开启熟食间紫外线灯	紫外线开启30分钟，作用距离1米	6：30 — 6：35	• 更换工作服 • 流动水洗手 • 负责消毒餐具（蒸汽冒气后30分钟）				
6：40 — 7：08	• 清洁烹饪间环境（货架、灶台） • 消毒保洁柜（三步骤）		6：35 — 6：50	• 清洁粗加工区域环境（台面、货架等） • 整理食物，分摊、分类摆放		7：00 — 7：10	• 更换工作服 • 流动水洗手 • 烧热水、热牛奶	
7：00 — 7：25	• 食品验收（幼儿食品质量、数量） • 领调料	领取调料后一定要拆包	6：50 — 7：25	• 验收教工食品 • 食品验收	检查索证	7：10 — 7：25	• 关闭紫外线 • 备餐间开窗通风 • 消毒备餐间	

（续表）

时间	工作流程（幼儿菜肴烹饪员）	注意事项	时间	工作流程（教师菜肴烹饪员）	注意事项	时间	工作流程（备餐员）	注意事项
7:25—7:40	• 洗净、加工幼儿、教工荤菜		7:25—7:40	• 领调料	注意幼儿与教师的调料区分摆放	7:25—7:40	• 牛奶出锅，传递到备餐间窗口 • 领取饼干	牛奶分发一定要按照班级幼儿的人数
7:40—7:58	• 把已消毒的幼儿餐具放入备餐间传递窗口	勤关传递窗	7:40—7:58	• 把已消毒的教工餐具放入保洁柜 • 拣菜、洗菜、切菜	清洗蔬菜时要一洗、二浸、三冲	7:40—8:10	• 二次更衣，洗手，进备餐间 • 把已消毒餐具放入备餐间的已消毒保洁柜内 • 分发饼干	饼干分发注意班级幼儿人数，定量进班。保证饼干盒内干燥
8:00—9:00	• 拣菜、洗菜、切菜（加工蔬菜，由浅到深依次加工） • 烹饪幼儿午餐食用汤	幼儿的汤根据不同品种决定具体时间，建议冬晚夏早	8:00—9:00	• 拣菜、洗菜、切菜	加工蔬菜，由浅到深依次加工	8:15—9:00	• 拣菜、洗菜	加工幼儿蔬菜，由深到浅依次加工

（续表）

时间	工作流程（幼儿菜肴烹饪员）	注意事项	时间	工作流程（教师菜肴烹饪员）	注意事项	时间	工作流程（备餐员）	注意事项
9:00 — 9:15	• 淘米 • 蒸饭		9:00 — 9:15	• 淘米 • 蒸饭 • 烹饪教工汤	教工汤的烹饪也需根据食材和季节调整	9:00 — 9:30	• 洗菜、切菜	加工教工蔬菜，由浅依次到深加工
9:15 — 9:40	• 上灶烹饪荤菜 • 清理灶台	当日有炖菜可于8:30提前烹饪	9:15 — 9:40	• 洗菜、切菜 • 烹饪教工荤菜		9:30 — 9:50	• 二次更衣，洗手，进备餐间 • 消毒升降机间	
9:45 — 10:30	• 烹饪蔬菜 • 清理灶台	烹饪幼儿绿叶蔬菜不宜超过9:45	9:40 — 10:30	• 烹饪教工蔬菜 • 清洁生菜间地面		9:50 — 11:15	• 分餐准备 • 分餐 • 留样	每样食品留200克，根据幼儿人数定量进班
10:30 — 11:00	• 米饭出锅 • 清理货架、灶台		10:30 — 11:00	• 整理教工餐厅				

（续表）

时间	工作流程（幼儿菜肴烹饪员）	注意事项	时间	工作流程（教师菜肴烹饪员）	注意事项	时间	工作流程（备餐员）	注意事项
11:00—11:15	• 进班巡视午餐		11:00—11:15	• 准备清洗工具		9:50—11:15	• 分餐准备 • 分餐 • 留样	每样食品留200克，根据幼儿人数定量进班
11:15—11:45	• 午餐		11:15—11:45	• 午餐		11:15—11:45	• 午餐	
11:45—13:00	• 清洗餐具 • 消毒餐具	清洗餐具请适量放洗洁精，不宜过多	11:45—13:30	• 清洗餐具 • 消毒餐具		11:45—13:00	• 清洗餐具	
13:00—14:00	• 午点烹饪		13:30—14:15	• 打扫配菜间		13:00—14:00	• 协助烹饪幼儿点心 • 打扫备餐间（消毒）	点心不宜过早，14:30发放

（续表）

时间	工作流程 （幼儿菜肴 烹饪员）	注意事项	时间	工作流程 （教师菜肴 烹饪员）	注意事项	时间	工作流程 （备餐员）	注意事项
14：00 — 14：30	• 清扫灶头、清洗消毒抹布 • 下班		14：15 — 14：30	• 整理工具 • 下班		14：00 — 15：00	• 分发点心 • 记录六本台账 • 关好门窗，下班	根据班级人数分发点心；六本台账记录当天记录，不可超前或滞后记录

（2）引入 ACS 工具识别系统

为实现后勤管理精细化，我们创新采用 ACS 工具识别系统。不同区域标记不同颜色，并将保育工具和材料也标为相应颜色，便于识别工具及其放置区域。这一举措显著提高了保育员工作效率，有效避免工具混用与丢失，保障保育工作有条不紊地进行。

（3）加强培训与考核

保育员的专业素养直接决定保育工作质量。我们定期举办保育知识讲座、实操演练、案例分析等活动，不断提升保育员专业技能与综合素质。同时，建立严格的考核制度，定期评估保育员工作表现，并将评估结果与绩效考核、职务晋升挂钩，激励保育员持续提升专业水平。

2. 深度融合保育与课程

（1）将保育理念融入课程设计

基于对保育与课程协同育人价值的深刻认识，我园在课程规划时，全面整合了保育的核心理念，专注于培养幼儿的日常生活自理能力、自我防护意识以及良好的行为规范。举例来说，在语言类活动中，我们采用叙述安全故事、模拟角色等手段，帮助幼儿掌握安全常识；在艺术类活动中，我们借助绘画、手工创作等方法，激发幼儿的创新思维和审美鉴赏力；在体育类活动中，我们组织多样化的运动游戏，以增强幼儿的身体素质和动作协调性。

（2）实施"三位一体"保教模式

推行"三位一体"教育保育体系，意味着主班教师、配班教师以及保育员将携手合作，共同致力于幼儿的保育与教育任务。在这一模式中，每位教师都有其明确的职责，同时又相互配合，共同促进幼儿的成长与进步。如在户外活动期间，主班教师主导组织游戏和活动，配班教师则观察并适时提供帮助，而保育员则确保幼儿的日常生活和安全得到妥善照料。这种合作方式不仅提升了保育工作的效率和品质，而且有力地推动了幼儿的全面成长。

（3）开展主题保育活动，促进幼儿全面发展

我们重视与幼儿的兴趣和需求相结合，开展各种各样的主题保育活动。在"环保小卫士"主题活动中，通过让幼儿参与垃圾分类、节约用水、节能减排等，培育他们的环保意识和责任感；在"健康小明星"主题活动中，通过组织幼儿参与体育比赛、健康讲座等，培育他们的健康意识和运动能力。这些主题保育活动不仅丰富了幼儿的生活体验，还有效地促进了他们的全面发展。

（二）保育工作的个性化

1. 实施个性化保育服务

（1）关注个体差异

每个幼儿都是独特的存在，他们在身体、心理、智力等多个方面展现出不同的特点。所以在照顾幼儿的过程中，我们特别重视每个孩子的个体特性，实行个性化保育。如对于经常生病的孩子，我们会提供更加细致的日常照料和观察，及时与家长交流孩子的健康状况，并一起制订出定制化的保育计划；对于那些性格内向、害怕陌生环境的孩子，我们会给予更多的关怀和支持，协助他们树立自信和获得安全感。

（2）聚焦心理健康

幼儿心理健康对其终身成长具有深远影响。我们密切关注幼儿情绪变化与心理健康状况，及时解决问题。对情绪不稳定的幼儿，我们耐心倾听，给予安慰；对有心理问题的幼儿，我们与家长沟通制订个性化心理辅导方案，助其走出困境。

2. 强化家园合作

家长的支持与配合对保育工作至关重要。我们致力于强化与家长的交流与协作，携手推动幼儿的发展。通过家长会议、家园联络本、微信交流等渠道，我们及时向家长报告孩子在园内的表现与进步，并征求家长的反馈与建议。此外，我们还定期组织家长参与幼儿园的保育活动，比如亲子运动会、食育活动等，以加深家长对幼儿园保育工作的

认识和信任。

（三）保育工作精细化和个性化的评估与反馈

1. 建立保育工作评估体系

为了深入掌握保育工作的品质与成效，我们构建了保育工作评估体系。该体系涵盖了幼儿健康状况评估、保育员工作表现评估、家长满意度评估等多个维度。通过周期性地搜集和分析这些数据，我们能够迅速识别保育工作中出现的问题与不足，并实施相应的改进措施。

2. 注重家长反馈，持续优化保育工作

家长是幼儿园保育工作的重要参与者和监督者。我们注重收集家长的反馈意见和建议，及时了解他们对保育工作的满意度和期望。通过家长座谈会、问卷调查等方式，我们可以获取第一手资料，为持续优化保育工作提供有力支持。

3. 定期开展保育工作总结与反思

我们重视定期进行保育工作的总结与反思。通过审视近期的保育活动，我们能够提炼经验教训，识别存在的问题与缺陷，并规划出相应的改善方案。此外，我们亦可交流成功的经验和方法，推动保育工作的持续进步与创新。

二、保健管理的科学化与人性化

随着教育理念的不断更新与社会对幼儿健康关注度的提升，幼儿园保健管理需兼顾科学化与人性化。科学化旨在构建严谨规范的管理体系，确保保健工作有序开展；人性化则聚焦于幼儿个体差异，给予细致入微的关怀。二者相辅相成，共同为幼儿营造优质的成长环境。

（一）保健管理的科学化

1. 保健管理工作的科学框架

（1）完善制度与明确职责

幼儿园作为幼儿生活与学习的重要场所，其保健管理工作直接关

系到幼儿的身心健康。所以，建立健全的保健管理制度是保障幼儿健康成长的基础。我们应明确各层级人员的职责，确保保健工作的有效实施。

作为主要负责人，园长必须全面承担起幼儿园保健工作的规划和监督职责。园长需要确立保健工作的总体目标，并确保所有保健措施得到贯彻实施。此外，园长还应定期召集保健工作会议，掌握保健工作的最新动态，并迅速处理其中的问题。

保健医生是幼儿园保健工作的专业指导者，负责制订保健计划、实施健康检查与培训。保健医生应具备医学专业学历背景与执业资格证书，熟悉幼儿生长发育规律，能够根据幼儿的身体状况制订科学合理的保健方案。保健医生还应定期对教职工进行保健知识培训，增强他们的保健意识和能力。

幼儿的日常护理主要由保育员负责，包括饮食、睡眠和清洁等方面。保育员须接受专业培训并获得相应资格证书，掌握幼儿护理的专业技能，以细心和耐心照顾每个幼儿。此外，保育员还应与保健医生、教师紧密协作，共同关注幼儿的健康。

在日常教学活动中，教师需密切留意幼儿的体态表现，迅速察觉并上报幼儿的健康状况。教师应与保健人员携手合作，共同策划并执行针对幼儿的健康干预方案。当然教师还应将健康教育内容融入日常教学，培育幼儿的卫生习惯和自我保健技能。

（2）科学的工作计划

制订科学合理的保健管理工作计划是确保保健工作有序开展的关键。从园级年度计划到部门学期计划，再细化到周计划，层层分解，逐级落实。

园级年度计划需清晰阐述保健工作的总体目标与核心任务，例如预防幼儿近视、干预肥胖等问题。此外，计划中应包含专题活动与具体干预措施，以保证保健工作的目标性和可追溯性。

依据年度计划的指导，部门需制订学期实施计划及时间安排。学期计划应详细规定保健工作的负责人及截止日期，以确保任务能及时和高质完成。

周计划作为保健工作的日常执行指南，应具体说明每周的保健任务和实施细节。周计划需保证保健工作的持续性和一致性，防止任务的疏漏或重复。

（3）合理安排一日生活作息

科学的一日作息时间表是保障幼儿身心健康的重要基础。我们应根据幼儿不同年龄段的生理和心理特点，设计科学的一日作息时间表。

为了确保幼儿有充分的休息和体力恢复时间，一日作息时间表需包含充足的睡眠。进餐时间的合理规划也至关重要，可以确保幼儿摄取均衡营养。学习与游戏时间的恰当分配，能让幼儿在愉悦的环境中学习和成长。

在制订幼儿日常作息时，我们应考虑活动的动静结合，防止幼儿长时间保持单一状态。平衡不同种类的活动，有助于幼儿养成良好的生活习惯和自我管理技巧。（见表2-4）

表2-4 曹杨新村幼儿园夏秋季作息时间安排表

托班		小班		中班		大班	
8：00—8：10	生活（来园）	8：00—8：15	生活（来园）	7：45—8：00	生活（来园）	7：45—8：00	生活（来园）
				8：00—8：50	运动（8：40做操）	8：00—8：50	运动（8：40做操）
8：10—8：50	游戏（自主游戏/分室）	8：10—8：50	游戏（自主游戏/分室）	8：50—9：10	生活（盥洗、点心）	8：50—9：10	生活（盥洗、点心）

（续表）

托班		小班		中班		大班	
8：50 — 9：10	生活 （点心）	8：50 — 9：10	生活 （点心）	9：10 — 9：20	生活 （自由 活动）	9：10 — 9：20	生活 （模拟 课间十 分钟）
9：10 — 9：25	生活 （自由 活动）	9：10 — 9：20	生活 （自由 活动）	9：20 — 9：50	学习 （集体 教学）	9：20 — 9：50	学习 （集体 教学）
9：25 — 9：35	圈圈 游戏	9：20 — 9：40	学习 （集体 教学）	9：50 — 10：00	自由 活动	9：50 — 10：00	自由 活动
				10：00 — 10：50	游戏 （自主 游戏／ 分室）	10：00 — 10：50	游戏 （自主 游戏／ 分室）
9：35 — 9：50	自由 活动	9：40 — 9：50	自由 活动	10：50 — 11：00	生活 （餐前 活动）	10：50 — 11：00	生活 （餐前 活动）
9：50 — 10：30	运动 （10：20 做操）	9：50 — 10：30	运动 （10：20 做操）				
10：30 — 10：45	生活 （餐前 准备）	10：30 — 11：00	生活 （餐前 准备）	11：00 — 11：30	生活 （午餐）	11：00 — 11：30	生活 （午餐）
10：45 — 11：30	生活 （午餐）	11：00 — 11：30	生活 （午餐）				
11：30 — 12：00	散步	11：30 — 12：00	散步	11：30 — 12：00	散步	11：30 — 12：00	散步

（续表）

托班		小班		中班		大班	
12：00 — 14：30	午睡	12：00 — 14：30	午睡	12：00 — 14：30	午睡	12：00 — 14：15	午睡
14：30 — 15：00	生活 （点心）	14：30 — 15：00	生活 （点心）	14：30 — 14：50	运动 （体育 游戏）	14：15 — 14：35	运动 （体育 游戏）
15：00 — 15：20	运动 （体育 游戏）	15：00 — 15：20	运动 （体育 游戏）	14：50 — 15：20	生活 （点心）	14：35 — 14：55	生活 （点心）
						14：55 — 15：05	生活 （模拟 课间十 分钟）
15：20 — 16：00	游戏	15：20 — 16：00	学习 （个别 化/ 分室）	15：20 — 16：00	学习 （个别 化/ 分室）	15：05 — 16：00	学习 （个别 化/ 分室）
16：00	离园	16：00	离园	16：00	离园	16：00	离园
注：上午游戏性分室（美工室、音乐室），下午学习性分室（探索室、图书室）							

（4）构建清晰组织框架

建立以园长为核心，保健医生为专业指导，教师、保育员、后勤人员等共同参与的全方位组织架构，是确保保健工作有效实施的重要保障。

园长作为保健工作的总负责人，应全面负责保健工作的规划和监督。保健医生则负责提供专业的保健指导和培训，确保教职工掌握科学的保健知识和技巧。

教师、保育员和后勤人员应积极参与保健工作，共同关注幼儿的健康状况。他们应相互协作、密切配合，形成保健工作的合力。

　　幼儿园还应积极与家长、社区医疗机构等外部资源建立合作关系，形成家园社共育的合力。通过定期召开家长会、开展健康宣教活动等方式，加强与家长的沟通和联系，共同关注幼儿的健康成长。

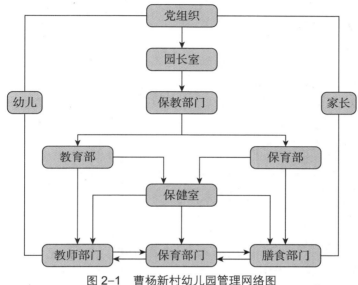

图 2-1　曹杨新村幼儿园管理网络图

（5）规范人员配备与持证上岗

　　严格按照规定配备合格的保健人员是确保保健工作质量的重要前提。我们要确保保健医生具备医学专业学历背景与执业资格证书，保育员经过专业培训并取得资格证书。

　　幼儿园还应定期组织专业培训与学习交流活动，提升教职工的保健意识和能力。邀请专家讲座、开展实操演练等方式可以帮助教职工掌握科学的保健知识和技巧。

2. 科学的疾病预防与体检管理

（1）科学预防疾病

　　预防疾病的关键在于强化日常的卫生管理。我们需严格遵守卫生消毒规定，定时对教室、寝室、食堂等区域进行消毒，以及建立完善的传染病预防体系，强化晨检和午检流程，密切关注幼儿的健康状态。

幼儿园还应促进幼儿主动参与体育活动，以增强他们的体质和抵抗力。通过举办多样化的体育活动和户外游戏，激发幼儿对运动的热情，培养他们良好的运动习惯。

在饮食管理上，幼儿园应重视营养均衡和膳食搭配。依据幼儿的成长需求，我们制订科学的饮食计划，确保幼儿得到充分的营养补给。

（2）体检与健康信息数据分析

为幼儿定期进行彻底的健康检查是掌握他们健康状况的关键方法。我们需建立详尽的健康记录体系，准确记载幼儿的成长数据、接种疫苗历史、疾病经历等细节。（见表 2-5）

表 2-5 《幼儿健康成长档案手册》板块及具体内容表

板块	具体内容
幼儿健康值记录板块	预防接种、口腔、视力、血色素、尿液、身高、体重、传染病、头围、胸围、骨骼发育
健康数值的对照	预防接种、口腔、视力、血色素、尿液、身高、体重、传染病
健康评价及家长告知书	各个健康指标的评价 家长告知书，家长签字
健康宣教	普遍宣教：关于口腔、视力、血色素、尿液、传染病等 针对性宣教：肥胖幼儿饮食、早餐重要性、如何看待幼儿视力低等
个案跟踪	教师跟踪个案、饮食图形跟踪表、运动图形跟踪表、爱牙图形跟踪表等 保健教师个案病因分析、月小结、观察记录等 医院就诊后的病历复印件存档
多方互动	健康幼儿的互动跟踪文字记录 体弱或异常幼儿的互动跟踪文字记录

利用数据分析技术，我们能够及时识别出幼儿成长过程中的健康问题，并据此制订特定的应对策略。比如，针对视力不佳的幼儿，可以拟订视力改善方案；对于体重超标的幼儿，则可以设计定制化的饮食与运动方案；等等。

此外，幼儿园也应增进与家长的交流与联系，定期向家长报告幼儿的健康状况和干预成效，共同关注幼儿的健康成长。

3. 科学的保育操作与消毒规范

（1）优化保育操作间流程

确保幼儿饮食安全的关键在于规范管理保育操作间。我们把保育操作间细分为清洗区、消毒区、储存区等，以保证工作流程的顺畅和有序。

以餐具的清洗和消毒为例，幼儿园需建立详尽的操作流程和标准规范。从初步清洗到消毒存放，每一步骤都必须严格遵守规定，以确保餐具的洁净卫生；还应定期对保育操作间进行彻底的清洁和消毒，以维持环境的干净卫生。

（2）规范消毒一览表

制订详细的消毒一览表是确保消毒工作全面落实的重要手段。我们可以根据不同对象的使用频率和卫生要求，合理确定消毒时间与方法，并记录关键信息，如消毒对象、时间、方法、责任人等。

通过定期检查和记录消毒工作的实施情况，我们可以及时发现并纠正存在的问题，确保消毒工作的有效性和可靠性。我们也可以通过数据分析的方法对消毒工作进行评估和优化，提高消毒工作的效率和质量。

（二）保健管理的人性化策略

1. 关注个体差异，实施个性化干预

幼儿在成长的道路上会表现出各式各样的需求，我们必须重视每个幼儿的特殊性，采取定制化的干预策略来满足各个幼儿的成长需求。

如运动时的血氧水平监测，可以使用血氧仪来实时跟踪幼儿的血氧饱和度，并依据这些数据适时调整活动强度，确保幼儿在运动时的安全。对于那些发育迟缓的幼儿，采用定制化的摸高训练等运动方法，可以有效促进他们的身体成长。

另外，对于体质较弱的幼儿，我们创建了专门的个案管理档案，并组建关怀小组，制订针对性的护理计划，为他们提供更多的关怀和照料。

2. 满足特殊营养需求

不同幼儿在营养需求方面存在差异。特别是对于低体重和体弱幼儿来说，他们更需要额外的营养支持。我们应根据幼儿的营养需求提供个性化的加餐服务，注重营养均衡与丰富性。

对于消瘦幼儿，还可以要求家长提供家庭每日膳食记录，并分析营养摄入情况，制订饮食调整计划，引导他们培养良好的饮食习惯。

3. 创造舒适生活环境

舒适的生活环境对于幼儿的健康成长至关重要。我们可以根据幼儿的身高、体型等特点配备可调节高度的桌椅，预防脊柱侧弯等身体问题。同时我们还提供保暖袋、热毛巾、小拖鞋等冬季保暖用品，为幼儿提供温暖舒适的环境，预防感冒等冬季常见疾病的发生。

4. 家园共育，共同管理慢性疾病

对于患有慢性生理疾病的幼儿来说，家园共育是保障他们健康成长的重要手段。我们要与家长紧密合作，共同制订个性化的护理计划，关注幼儿的病情变化并及时调整干预措施。

保健医生应定期与家长进行沟通，了解幼儿在家的健康状况，并提供专业的健康指导。家长也应积极配合幼儿园的工作，共同关注幼儿的健康成长。

5. 提升运动体验与膳食兴趣

运动是幼儿健康成长的重要组成部分。我们要关注幼儿的运动体

验，提供全方位的贴心服务，如准备消毒巾、茶水桶等以提高他们参与运动的积极性。

在膳食管理方面，幼儿园应注重食物的多样性和趣味性，推出"明星菜"活动，增加幼儿对食物的兴趣和食欲。我们还应关注食物过敏幼儿的特殊情况，提供个性化食物，确保他们的饮食安全。

6. 加强健康教育与环境创设

健康宣教是增强幼儿健康意识和自我管理能力的重要途径。我们可以通过故事、儿歌、动画、游戏等多种形式向幼儿传授健康知识，培养他们的健康意识和自我管理能力。

同时幼儿园还应在教室环境融入健康元素，布置与健康知识相关的图片、海报等，营造浓厚的健康氛围，让幼儿在潜移默化中接受健康知识的熏陶。

通过实施这些策略，我们建立了一套科学、规范且充满人文关怀的保健管理体系，确保幼儿健康成长得到坚实支持。

三、营养服务的均衡化与特色化

在幼儿园教育中，营养服务的均衡化与特色化是保障幼儿健康成长的关键环节。通过科学合理的营养搭配、丰富多彩的食育活动以及个性化的营养支持，我们为幼儿提供全面优质的饮食服务，促进其身体发育和智力发展。

（一）膳食结构的均衡化与多样化

膳食结构的均衡化是幼儿营养服务的基础。幼儿园通过科学地制订食谱，确保幼儿每日摄入的营养种类齐全、比例适当。

1. 科学地制订食谱

我们遵循幼儿各年龄段的膳食营养素摄入标准来设计食谱，保证每一餐所含的热量、蛋白质、脂肪、碳水化合物、维生素和矿物质等能够满足幼儿的成长需求。如 3 至 4 岁的幼儿，每天需要摄入

40 至 50 克的蛋白质，我们通过提供鸡蛋、牛奶、鱼类和豆制品等富含高质量蛋白质的食物来达到这一目标；5 至 6 岁的幼儿，则需要适量摄取碳水化合物，并增加如玉米、燕麦和糙米等全谷物类食品，以确保能量供应并促进肠道健康。我们还会定期对食谱的营养成分进行评估，并根据幼儿的成长监测数据进行调整，以保证营养的均衡性。

2. 注重食物多样性

我们也注重食物多样性，每日提供谷类、肉类、蛋类、蔬菜、水果、奶类等多种食物。谷类食物粗细搭配，除大米、白面外，安排适量燕麦、小米、荞麦等；肉类涵盖畜肉、禽肉和鱼肉，每周我们要保证幼儿摄入一定量深海鱼，提供优质蛋白质和不饱和脂肪酸；蔬菜保证每餐有不同颜色品种，深绿色蔬菜如菠菜、西蓝花富含维生素和矿物质，橙色蔬菜如胡萝卜、南瓜富含胡萝卜素；水果选择应季新鲜水果，保证幼儿维生素 C 等营养素的摄入。每月食物品种达 100 种以上，每周不重复，避免幼儿挑食偏食，培养广泛食物喜好。

3. 合理搭配膳食

幼儿园在膳食搭配上注重干稀搭配、荤素搭配、粗细搭配等原则。如在午餐中既有米饭、面条等主食，又有鱼、肉、蛋等动物性食品，还有蔬菜、豆制品等植物性食品，确保幼儿能够获得全面的营养。（见表 2-6）

表 2-6　曹杨新村幼儿园"雷唤仲春时"2—6 岁幼儿周一全天候营养食谱

早餐	牛肉包、炒鸡蛋 原味豆浆、坚果 水果：苹果 牛肉煎包（40 克）、炒鸡蛋（50 克）、原味豆浆（120—150 毫升）、坚果（8 克）、苹果（50 克）
早点	牛奶（100—120 毫升）、饼干（6—7 克）

（续表）

午餐	白米饭 杨梅小肉圆／酱香肉排 黄心菜炒甜椒腐竹、乌鸡虫草花汤 白米饭（大米50—65克） 【托小班】杨梅小肉圆（肉条40克、鸡蛋5克、朝天委陵菜5克） 【中大班】酱香肉排（肉排50克、白芝麻2克）、黄心菜炒甜椒腐竹（黄心菜70—80克、红圆椒5克、腐竹3克）、乌鸡虫草花汤（冰鲜乌骨鸡10克、草头15克、厚百叶丝5克、北虫草1克）
特殊幼儿餐	营养不良加餐：花卷（25克）
午点	椰汁西米露 葡萄干枸杞蜂糕 水果：火龙果 椰汁西米露（椰汁15克、大西米10克）、葡萄干枸杞蜂糕（青葡萄干2克、枸杞1克、自发粉20克）、火龙果50克
晚餐	黄米饭 香草烤鳗鱼、酸甜牛心菜 粉丝贡丸菠菜汤 黄米饭（黄小米5克、大米40—55克）、香草烤鳗鱼（香草1克、洋葱5克、青椒5克、红椒5克、鳗鱼50—55克）、酸甜牛心菜（牛心菜50—60克、番茄10克、胡萝卜5克、豆腐皮5克）、粉丝贡丸菠菜汤（粉丝3克、贡丸5克、菠菜10克、竹笋5克） 温馨提示：为海鲜过敏幼儿将鳗鱼换成鳜鱼
特殊幼儿餐	肥胖幼儿餐：将香草烤鳗鱼换为清蒸河鳗

此外，幼儿园还注重菜肴的色香味形，通过精心的烹饪和摆盘，提高幼儿的饮食兴趣。如"一帆风顺"这道菜，我们将黄瓜切成帆船模样，搭配鸡脯肉、粟米等食材，不仅营养丰富，而且造型美观，深受幼儿的喜爱。

（二）营养教育的系统化与特色化

营养教育是提升幼儿营养素养的重要途径。幼儿园要通过多种形式的营养教育活动，增强幼儿的营养意识和健康意识。

1. 开展营养教育活动

定期举办营养教育活动是我们的目标，比如"健康知食节"系列。在这些活动中，营养专家利用生动的讲解和互动游戏，向幼儿介绍各类食物的营养和对健康的益处，帮助他们培养健康的饮食习惯。

以"健康知食节——冬至"活动为例，营养专家向幼儿讲解冬至的饮食传统和营养价值，并推荐适合幼儿冬至食用的两道佳肴——九仙糕和复元粥。通过这样的活动，幼儿不仅学习了冬至的文化意义，还掌握了如何挑选有益健康的食物。

幼儿园将营养教育与食育课程相结合，通过烹饪和品尝食物的活动，让幼儿亲身体验食物的制作和营养价值。在食育课程中，幼儿可以亲手制作水果沙拉、蔬菜拼盘等美食，从而了解各种食物的营养成分和健康益处。

这种亲身体验的方式不仅增强了幼儿对食物的兴趣和认知，还培养了动手能力和创造力。

2. 满足特殊饮食需求

我们要关注有特殊饮食需求的幼儿，如食物过敏、不耐受或患有慢性疾病的幼儿，给牛奶过敏幼儿提供豆浆、酸奶等替代奶制品，给麸质过敏幼儿提供无麸质食品。我们也与家长和医生密切合作，根据幼儿健康状况制订个性化饮食方案，严格控制食物成分和摄入量，保障饮食安全的同时满足营养需求，促进身体康复。

3. 干预营养不良幼儿

我们定期筛查幼儿营养状况，对营养不良幼儿进行重点干预。对于低体重幼儿，我们可以增加其对富含优质蛋白质、高热量食物的摄入，如瘦肉粥、鸡蛋羹、牛奶等，并合理安排加餐；对于消瘦幼儿，我们注重食物营养密度，增加富含维生素和矿物质的食物，如新鲜水果、蔬菜泥、坚果等。营养师与教师、家长共同监督幼儿进餐情况，鼓励幼儿进食，定期评估干预效果，调整方案。

（三）食育活动的多元化与特色化

食育活动是提升幼儿饮食兴趣的重要手段。我们可以通过举办多种形式的特色活动，丰富幼儿的饮食体验和文化认知。

1. 饮食文化教育

开展饮食文化教育活动，让幼儿了解不同地域、民族的饮食文化。我们举办美食节，展示各地特色美食，如饺子、寿司、比萨等，介绍文化背景和制作方法；开展主题教学活动，讲述中国传统节日饮食习俗，如端午节吃粽子、中秋节吃月饼等，让幼儿感受传统文化魅力，增强文化认同感和民族自豪感。

2. 烹饪实践活动

组织幼儿参与烹饪实践活动，培养动手能力和对食物的兴趣。在教师指导下，幼儿参与简单食物制作，如水果沙拉、蔬菜三明治、饺子等。通过亲身体验，幼儿了解食物制作过程，认识食材特性和营养价值，提高生活技能，更加珍惜食物，减少浪费行为。

3. 营养知识普及

我们采用多种方法传播营养学，包括课堂讲授、绘本故事、儿歌和游戏等。在健康教育课程中，我们用浅显的语言阐述食物的营养元素和平衡膳食的搭配；借助《肚子里有个火车站》《吃掉你的豌豆》等绘本，以直观的方式向幼儿展示消化过程和健康饮食的必要性；教授营养相关的儿歌，例如《饮食健康歌》《蔬菜水果歌》，加强幼儿的记忆；设计与营养知识相关的游戏，如"食物分类大比拼""营养拼图"等，使幼儿在游戏过程中学习营养知识，提升学习兴趣。

（四）家园共育的协同化与特色化

家园共育是提升幼儿营养服务的重要途径。我们可以通过加强与家长的沟通和合作，共同推动幼儿营养服务的均衡化与特色化。

1. 建立家园共育机制

我们构建了全面的家园合作体系，利用家长会议、家园联络手册等手段，增进与家长的交流与协作。在交流过程中，我们向家长阐述幼儿的营养需求及饮食规划，并征询家长的看法与提议，携手促进幼儿营养服务的改善。

组织膳食管理委员会，邀请家长代表，一起商讨并拟定饮食方案和膳食规划。家长代表亦可贡献自己的观点和建议，为幼儿园的饮食事务提供策略和建议。

2. 开展家长陪餐活动

为了增强家长对幼儿膳食工作的了解和支持，我们还开展了家长陪餐活动。在活动中，家长可以深入班级陪同幼儿进餐，观察幼儿的用餐情况和膳食质量，并提出自己的意见和建议。

如在陪餐制度中，我们规定每天有一名教师实施陪餐，每周有一名园级管理人员进班陪餐，每月还邀请一名家长代表入园陪餐。通过陪餐活动，家长不仅了解了幼儿园的膳食工作情况，还增强了对幼儿园的信任和支持。

3. 提供家庭膳食指导

为了帮助家长更好地为幼儿提供营养均衡的膳食，我们还提供了家庭膳食指导服务。营养师会根据幼儿的年龄特点和营养需求，为家长提供个性化的膳食建议和食谱推荐。

如在"健康知食节"系列活动中，营养师会向家长介绍适合幼儿不同节气食用的美食和营养知识，并推荐相应的食谱和制作方法。家长可以根据这些建议和指导，为幼儿提供更加健康、美味的膳食。

第三节 终于习惯的职业素养锤炼

在保育保健工作的持续推进中，职业素养的锤炼是幼儿园队伍建设不可或缺的一环。本节将深入探讨如何通过系统的队伍培养与路径规划，使每一位教职工都能逐渐养成良好的职业素养。我们将从明确培养目标、构建多层次培养体系出发，细致阐述如何在实践中塑造正确的职业观念，练就扎实的基本功，为幼儿园保育保健工作的高质量发展奠定坚实的人才基础。这不仅是对教职工个人成长的重视，更是对幼儿健康成长的负责。

一、队伍培养的系统设计与路径规划

（一）队伍培养的系统设计

对于幼儿园而言，队伍培养是一个系统工程，涉及教师、保育员、后勤人员等多方面的专业成长。为了构建一个高效、有序的培养体系，我们进行了全面的系统设计，以确保每位员工都能在职业生涯中不断提升，为幼儿园的整体发展贡献力量。

1. 明确培养目标

我们确定了团队建设的目标。对教师来说，目标涵盖提升专业素质、强化科研技能、增进教学能力和班级管理技巧等；对保育员，则着重于专业知识、操作技巧、责任感和爱心等方面的提升；对后勤人员，则重视服务理念、专业素质和团队合作能力的增强。这些目标的设定，为团队建设指明清晰的方向。

2. 构建多层次培养体系

根据员工的职业发展阶段和需求，我们构建了多层次的培养体系。

（1）新入职教职工培训

针对新加入的教职工，我们实施全方位的入职教育。教育范围包括幼儿园文化、规章制度、工作职责、安全准则等，旨在帮助新职员迅速适应工作氛围，并清晰认识自己的角色与职责。以新教师为例，我们会深入讲解幼儿园的教育宗旨、教学策略和课程架构，助其迅速适应教学任务；对新保育员和后勤人员，我们侧重日常操作规范和安全知识的培训，确保他们能为幼儿创造一个安全、舒适的环境。

（2）在职教职工进阶培训

对于在职教职工，我们根据其职业发展阶段和需求，提供进阶培训。如对于有一定教学经验的教师，我们会组织他们参加课题研究、公开课展示等活动，以提升他们的科研能力和教学水平；对于保育员和后勤人员，则会定期开展专业技能培训和职业道德教育，帮助他们不断提升专业素养和服务意识。

（3）骨干教师和后备干部培养

我们为骨干教师和预备干部设计了更为周全和深入的培训方案，如通过让其参与高级研修课程、担任导师角色、承担核心职责等方法，增强他们的领导才能、创新能力以及团队协作技能。此外，为了保障幼儿园的长期稳定发展，我们同样激励他们主动参与幼儿园的决策和管理过程，为幼儿园的规划和管理贡献自己的智慧。

3. 制订详细培养计划

为确保团队培养效率，我们设计了包括培训目标、内容、方法、时段和效果评估在内的培养方案。针对教师专业成长，我们依据其需求和发展方向，制订个性化培训计划。培训内容涵盖教育理论、教学方法、课程设计、班级管理等方面；培训方法包括专家讲座、教学研讨、案例分析、公开课展示等；培训时段根据教师工作安排和需求合理安排。通过系统培训，帮助教师提升专业素养和教学能力。

4．建立评估与反馈机制

为保证团队培训成效，我们构建了评估和反馈体系。通过监控培训流程和评估培训成果，我们能迅速掌握员工发展需求及培训成效，并依据这些评估数据提供反馈和做出相应调整。以教师专业培训为例，我们采用公开课展示、教学反思、多元评价等多种方式来评估效果。依据这些评估结果，我们会对教师的培训方案和教学方法进行及时的调整和改善，确保培训效果达到最佳水平。

（二）队伍培养的路径规划

在明确了队伍培养的系统设计后，我们还需要对培养路径进行规划。通过科学的路径规划，确保每位员工都能在职业生涯中沿着正确的方向不断前行。

1．教师培养路径规划

（1）新教师成长路径

对于新教师而言，他们的成长路径主要包括以下几个阶段。

适应期（入职第 1 年）。在这一阶段，新教师需要适应幼儿园的工作环境、教学流程和班级管理等工作。参加入职培训、师徒结对等方式，可以帮助他们快速融入工作环境，提升教学技能和班级管理能力。

成长期（入职第 2—3 年）。进入成长期，新教师需要不断提升自己的专业素养和教学水平。通过参加教学研讨、课题研究等活动，他们的科研能力和教学水平将得到显著提升；我们也鼓励他们积极参与公开课展示和教学竞赛等活动，提升自己的教学自信心和表现力。

成熟期（入职第 4—5 年）。在这一时期，教师应逐渐发展成为核心教师。通过担负关键职责、成为指导者等途径，增强领导才能和团队合作技能。我们也激励他们主动参与幼儿园的决策与管理事务，为幼儿园的持续发展贡献才智。

（2）骨干教师发展路径

对于骨干教师而言，他们的发展路径主要包括以下几个阶段。

提升期。在这一阶段，骨干教师需要不断提升自己的专业素养和教学能力。通过参与高级研习班、担负关键职责等途径，提高领导才能、创新精神和团队合作能力。当然我们也会激励他们主动参与课题探索、学术论文编写等活动，以增进科研能力和学术影响力。

引领期。在这一阶段，骨干教师需要发挥引领和示范作用。他们通过担任导师、组织教学研讨等方式，帮助新教师和青年教师快速成长；也要积极参与幼儿园的决策和管理过程，为幼儿园的长远发展贡献智慧和力量。

专家期。在这一阶段，骨干教师需要逐步成长为教育专家。通过承担关键课题研究、发表高质量学术论文等途径，增强自身的学术地位与影响力。同时，积极投身于教育政策的制订和教育改革等活动中，为教育事业的进步贡献力量。

2. 保育员培养路径规划

（1）新手保育员成长路径

对于新手保育员而言，他们的成长路径主要包括以下几个阶段：

适应期（入职第1个月）。在这一阶段，新手保育员需要适应幼儿园的工作环境和工作流程。通过参加入职培训、师徒结对等方式，快速掌握日常操作规范和安全知识。

熟练期（入职第2—6个月）。在这一阶段，新手保育员需要不断提高自己的操作技能和服务意识。通过参加技能培训、案例分析等活动，提升专业素养和服务质量。我们也鼓励他们积极参与幼儿园的保育工作研讨和交流活动，学习借鉴他人的先进经验和做法。

稳定期（入职6个月以后）。在这一阶段，保育员需要保持工作的稳定性和专业性。他们通过定期参加技能培训和职业道德教育等活动，确保能够持续提供高质量服务。我们还鼓励他们积极参与幼儿园的保育工作创新和改进活动，为幼儿园的发展贡献自己的力量。

（2）资深保育员发展路径

对于资深保育员而言，他们的发展路径主要包括以下几个阶段：

提升期。在这一阶段，资深保育员需要不断提升自己的专业素养和服务质量。他们通过参加高级研修班、承担重要工作任务等方式，提升领导力和团队协作能力。我们鼓励他们积极参与幼儿园的保育工作研讨和交流活动，分享自己的经验和做法。

引领期。在这一阶段，资深保育员需要发挥引领和示范作用。他们通过担任导师、组织技能培训等方式，帮助新手保育员和青年教师快速成长；积极参与幼儿园的决策和管理过程，为幼儿园的长远发展贡献智慧和力量。

专家期。在这一阶段，资深保育员需要逐步成长为保育专家。他们通过承担重要课题研究、发表高水平学术论文等方式，提升自己的学术地位和影响力。同时，也积极参与保育政策制订和保育改革等活动，为保育事业的发展贡献自己的力量。

3. 后勤人员培养路径规划

（1）新入职后勤人员成长路径

对于新入职后勤人员而言，他们的成长路径主要包括以下几个阶段。

适应期（入职第1周）。在这一阶段，新入职后勤人员需要适应幼儿园的工作环境和工作流程。通过参加入职培训、师徒结对等方式，快速掌握日常操作规范和安全知识。

熟练期（入职第2—4周）。新入职后勤人员需要不断提高自己的专业技能和服务意识。他们通过参加专业技能培训、案例分析等活动，提升自己的专业素养和服务质量。我们也鼓励他们积极参与幼儿园的后勤工作研讨和交流活动，学习借鉴他人的先进经验和做法。

稳定期（入职1个月以后）。后勤人员需要保持工作的稳定性和专业性。他们通过定期参加专业技能培训和职业道德教育等活动，确保能够持续提供高质量的服务。我们鼓励他们积极参与幼儿园的后勤工作创新和改进活动，为幼儿园的发展贡献自己的力量。

（2）资深后勤人员发展路径

对于资深后勤人员而言，他们的发展路径主要包括以下几个阶段。

提升期。在这一阶段，资深后勤人员需要不断提升自己的专业素养和服务质量。他们通过参加高级研修班、承担重要工作任务等方式，提升领导力和团队协作能力。我们鼓励他们积极参与幼儿园的后勤工作研讨和交流活动，分享自己的经验和做法。

引领期。在这一阶段，资深后勤人员需要发挥引领和示范作用。他们通过担任导师、组织技能培训等方式，帮助新入职后勤人员和青年教师快速成长；积极参与幼儿园的决策和管理过程，为幼儿园的长远发展贡献智慧和力量。

专家期。在这一阶段，资深后勤人员需要逐步成长为后勤管理专家。他们通过承担重要课题研究、发表高水平学术论文等方式，提升学术地位和影响力；也积极参与后勤政策制订和后勤改革等活动，为后勤事业的发展贡献自己的力量。

二、塑三观、带队伍、练功夫的实践探索

在幼儿园后勤管理工作中，塑造正确的三观（世界观、人生观、价值观）、带好队伍以及练就扎实的基本功是提升整体工作质量的关键。我们在长期的实践探索中，形成了一套行之有效的做法，不仅提高了保育员、营养员和保健教师的专业素养，还极大地促进了幼儿园后勤工作的规范化、标准化和精细化。

（一）塑三观：树立正确的职业观念与价值导向

1. 强化职业道德教育，树立服务意识

后勤工作虽不直接参与教学授课，却在幼儿的成长过程中扮演着

至关重要的角色。后勤人员的职业道德与服务意识的高低，关乎着幼儿园的教育成效和幼儿的身心健康。基于此，我们把职业道德教育列为后勤人员培训的关键板块，借助多样化的培训形式，引导后勤人员树立起正确的职业观念，强化他们的服务意识与责任感。

在培训实践中，我们定期邀请园内经验丰富的保健教师和优秀保育员，让他们分享日常工作中的点滴经验与真切心得。这些一线工作者用自身经历诠释着后勤工作的重要价值。他们或是讲述如何通过细致观察及时发现幼儿身体不适，或是分享怎样用耐心与爱心帮幼儿养成良好生活习惯。这些真实案例让后勤人员体会到自己的每项工作、每次付出都关系着幼儿的成长发展，进而认识到自身工作的重要意义。

我们选取各类案例深入剖析，涵盖工作中的成功范例与典型问题。通过分析这些案例，后勤人员能了解实际工作中可能遭遇的状况，学会从不同角度思考问题，掌握应对和解决问题的方法。比如，面对幼儿突发情绪问题，后勤人员会运用恰当的沟通技巧安抚幼儿；处理食品安全相关问题时，懂得严格遵循规范流程，确保幼儿饮食安全。

2. 倡导团队协作精神，形成合力

幼儿园后勤工作的高效运行离不开团队合作精神。我们不断强调这一核心价值，激励后勤团队成员相互扶持、紧密协作，同心协力，为幼儿园的进步贡献力量。

为了打造积极的团队合作环境，我们安排了多种多样的团队建设活动。这些活动内容丰富，有的着重于加强团队成员间的信任感，例如户外拓展训练中的信任背摔；有的则致力于提高团队沟通与协作的技能，比如团队接力比赛等。通过参与这些活动，后勤人员在轻松愉快的氛围中增进了相互间的了解，消除了隔阂，进一步加深了同事间的情谊。

我们还定期举行集体讨论和分享会。在这些交流活动中，大家针对实际工作问题自由发表意见，共同寻找解决策略。以"三位一体"行为研训为例,由保育员、教师和保健教师共同参与,通过活动模拟日常工作场景,如幼儿进餐、午睡、户外活动等环节,让各方人员从自身岗位出发探讨协同工作办法。在模拟进餐场景中,保育员分享协助教师引导幼儿养成进餐习惯的方法,保健教师从营养搭配和食品安全角度提建议,教师关注幼儿进餐时的情绪和社交发展。这和跨部门合作增进了后勤人员间的理解与信任,促进了保教工作有机融合,为提升整体保教质量奠定了基础。

3. 注重个人修养与自我提升

我们鼓励后勤人员重视个人修养的提升,持续追求自我成长。在不断发展的教育环境中,只有不断学习,才能更好地满足工作需求,为幼儿提供更优质的服务。所以我们积极倡导后勤人员通过阅读专业书籍、参加各类培训课程、与同行交流学习等方式,拓宽自身视野,丰富知识储备,提升综合能力。

为了激发后勤人员自我提升的积极性,我们建立了一套完善的激励机制。对于在工作中表现突出、专业技能提升显著的后勤人员,给予公开表彰和物质奖励。这不仅是对他们个人努力的认可,更为其他人员树立了榜样。

我们定期举办"保育员技能比赛""营养员烹饪比赛"等活动,为后勤人员提供展示专业技能的舞台。比赛中,保育员在卫生消毒、幼儿护理、物品整理等方面发展精湛技艺,营养员精心烹制美味营养菜肴,比拼技巧与创意。这些比赛促使后勤人员提升专业技能,增强自信心与成就感,使其在工作中更具热情和动力,形成积极向上、你追我赶的良好工作氛围。

(二)带队伍:打造高素质的后勤团队

1. 明确职责分工,优化人员配置

我们根据后勤工作的实际需要,明确各岗位的职责分工和任职要求,优化人员配置,确保后勤工作的有序进行和高效运转。

在保育员队任建设中，幼儿园根据班级规模和幼儿年龄特点，合理配备保育员数量，确保每个班级都有足够的保育力量。幼儿园还注重保育员的年龄结构和专业背景，形成一支老中青结合、专业互补的保育员队伍。

2. 加强培训与学习，提高专业素养

高度重视后勤人员的培训和学习工作，通过制订详细的培训计划和实施方案，确保每位后勤人员都能接受到全面、系统的培训。培训内容涵盖保育知识、营养膳食、卫生保健、安全教育等多个方面，旨在提高后勤人员的专业素养和综合能力。

在保育员培训中，我们不仅注重传授保育知识和技能，还注重培养保育员的观察力和判断力。我们通过组织保育员进行幼儿行为观察和分析训练，让他们学会如何及时发现和处理幼儿身体和心理上的问题，确保幼儿的身心健康。

3. 注重实践锻炼，提升实战能力

我们通过组织各种形式的实践活动和应急演练，让后勤人员在实践中积累经验、提高能力。我们还建立了完善的反馈机制，对后勤人员的工作表现进行定期评估和反馈，帮助他们及时发现问题、改进工作。

在应对突发公共卫生事件时，幼儿园组织保育员和保健教师进行了多次应急演练，让他们熟悉应急处置流程和操作规范。通过演练，不仅提高了后勤人员的应急反应能力和实战水平，还增强了他们的安全意识和责任感。

4. 建立激励机制，激发工作热情

建立完善的激励机制，通过表彰优秀、奖励先进等方式，激发后勤人员的工作热情和积极性。我们也注重培养后勤人员的归属感和荣誉感，让他们感受到自己的付出得到了认可和尊重。

在每年的保育员技能比赛和营养员烹饪比赛中，幼儿园都会对表现优秀的后勤人员进行表彰和奖励。通过比赛和表彰活动,不仅提高了后勤人员的专业技能和综合素质,还增强了他们的自信心和成就感。

(三)练功夫:练就扎实的基本功

1. 注重细节管理,提高服务质量

重视后勤工作的细节管理,通过制订详细的工作流程和操作规范,确保每个环节都能做到精细化、标准化。我们要加强对后勤人员的监督和检查力度,确保他们能够严格按照规定进行操作和执行。

在保育工作中,幼儿园制订了详细的保育工作流程和操作规范,包括幼儿入园、进餐、午睡、离园等各个环节的具体要求和注意事项。保育员必须严格按照规定进行操作和执行,确保幼儿的身心健康和安全。

2. 加强工具管理,提高工作效率

注重后勤工具的管理和使用效率,通过引入 ACS 工具识别系统等先进管理手段,实现了工具的分区保管、分区专用以及不交叉混用。这不仅提高了工具的使用效率和管理水平,还确保了幼儿的卫生和安全。

3. 强化安全意识,确保幼儿安全

我们将安全工作放在首位,通过加大安全教育和培训力度,完善安全管理制度和应急预案等措施,确保幼儿的安全和健康。我们也注重培养后勤人员的安全意识和责任感,让他们时刻牢记自己的职责和使命。

在保育工作中,幼儿园要求保育员必须时刻保持警惕,细心观察幼儿的行为和状态。一旦发现幼儿出现异常情况或安全隐患时,必须立即采取措施进行处理和报告。幼儿园还定期组织保育员进行安全教育和培训活动,增强他们的安全意识和应急处理能力。

4. 注重家园共育,形成教育合力

重视家园共育工作的重要性,通过加大与家长的沟通和协作力度,

开展丰富多样的家园共育活动等措施，形成教育合力。这不仅提高了家长对幼儿园工作的认可度和满意度，还促进了幼儿的全面发展和健康成长。

在营养膳食管理工作中，幼儿园邀请家长参与膳食管理和监督工作。通过组织家长参观厨房、品尝菜肴等活动，让家长了解幼儿园的膳食制作和管理流程；同时邀请家长提出宝贵的意见和建议，以使幼儿园不断改进和优化膳食质量与服务水平。这种家园共育的方式不仅增强了家长对幼儿园工作的信任和支持力度，还促进了幼儿的全面发展和健康成长。

三、多主体发展的实现与成果展示

在幼儿教育领域，多主体发展是实现教育目标、提升教育质量的重要途径。通过幼儿园、家庭、社区以及专业机构等多方合作，共同促进幼儿在身心健康、认知发展、情感和社会性等多方面的全面进步。

（一）多主体发展的实现路径

1. 幼儿园层面的推动

幼儿园作为幼儿教育的主要场所，在多主体发展中扮演着核心角色。我们通过一系列措施，有效推动了多主体发展的实现。

（1）环境创设

注重创设有利于幼儿全面发展的环境。例如，在视觉健康管理方面，幼儿园不仅全力组织、创设沉浸式良好护眼环境，还通过视力健康检查、视觉健康教育和矫治训练等多维度措施，确保幼儿的视力健康。此外，我们还积极营造健康、安全的饮食环境，通过制订科学的食谱、严格的食品验收和留样制度，确保幼儿获得均衡的营养摄入。

（2）课程与活动设计

通过设计丰富多样的课程和活动，促进幼儿的多方面发展。开展幼儿饮食行为与口腔健康干预策略的实践研究，通过饮食行为干预和口腔健康教育，增强幼儿的口腔健康意识和饮食习惯。幼儿园还注重心理健康教育，通过沙盘游戏等心理个案研究技术，帮助幼儿建立正确的情绪管理和心理调适能力。

（3）教师专业发展

重视教师的专业发展，通过培训、教研等活动，提升教师的专业素养和教育能力。我们组织教师参加心理健康培训，提升教师对幼儿心理问题的识别和干预能力。幼儿园还积极开展课题研究，如"区域幼儿餐点集中配送模式下，营养员执行'带量菜谱'的实践研究"，通过课题研究推动教师专业成长和幼儿园教育质量的提升。

2. 家庭层面的参与

家庭是幼儿成长的重要环境，家长的参与和支持对于幼儿的多主体发展至关重要。

（1）家园共育

我们注重家园共育，通过家长会、家园联系册、微信公众号等多种方式，加强与家长的沟通和合作。如在视觉健康管理方面，我们通过家长沙龙、家长学校等途径，向家长普及眼保健知识，提高家长对幼儿视力健康的重视程度。幼儿园也邀请家长参与幼儿的矫治训练，形成家园共育的良好氛围。

（2）家长教育

举办家长学校、专题讲座等活动，以提升家长的教育能力和素养。我们邀请专家为家长讲解幼儿心理发展知识，帮助家长了解幼儿的心理特点和需求，掌握正确的教育方法和策略。此外，幼儿园还通过家长志愿者活动，鼓励家长参与幼儿园的教育和管理，增强家长的责任感和归属感。

（3）家庭环境创设

我们还指导家长创设有利于幼儿全面发展的家庭环境。在饮食健康方面，幼儿园向家长提供科学的饮食建议，指导家长制订合理的家庭食谱，确保幼儿获得均衡的营养摄入。幼儿园还鼓励家长与幼儿共同参与饮食制作活动，增进亲子关系，培养幼儿的自理能力和动手能力。

3. 社区与专业机构的支持

社区和专业机构在多主体发展中也发挥着重要作用。我们积极与社区、医疗机构、教育机构等合作，共同推动幼儿的多方面发展。

（1）社区资源利用

社区是幼儿生活的重要环境，其中蕴含着丰富多样的教育资源。我们充分挖掘并利用这些资源，为幼儿打造了丰富多彩的学习与活动体验。

幼儿园与社区图书馆建立了长期合作关系，定期组织幼儿前往图书馆开展阅读活动。在图书馆员的引导下，幼儿接触到各类绘本、故事书，开启阅读的奇妙之旅，培养阅读兴趣和良好的阅读习惯。我们还与社区科技馆合作，让幼儿有机会参与各类科普活动，如科学实验展示、科普讲座等。在互动体验中，幼儿对科学知识产生浓厚兴趣，激发了好奇心与探索欲，拓宽了视野和知识面。

此外，社区的文化设施和运动场所也成为幼儿教育的重要阵地。我们组织幼儿参加社区文艺演出，孩子们在舞台上展示才艺，锻炼了自信心和表现力，培养了艺术素养。利用社区的运动场地，开展体育比赛，如亲子运动会、幼儿足球赛等，让幼儿在运动中增强体质，培养团队合作精神和竞争意识，塑造坚韧不拔的体育精神。

（2）专业机构合作

在各自的专业领域内，专业机构掌握着丰富的知识与技能，我们与之合作，能为幼儿带来更专业、更周全的教育体验。我们主动与医疗、教育等专业机构建立伙伴关系，共同促进幼儿的全方位成长。如在视力保健领域，我们与眼科诊所协作，定期为幼儿进行视力检测和矫正训练。此外，我们还与心理咨询服务提供商合作，提供幼儿心理健康评估及干预,助力幼儿学会恰当的情绪控制和心理适应。

（3）社会支持体系构建

幼儿园积极参与社会支持体系的构建,为有特殊需求的幼儿提供必要的帮助和支持。如幼儿园与特殊教育学校合作,为有特殊教育需求的幼儿提供个性化的教育方案和服务。幼儿园还积极倡导社会各界关注幼儿教育问题,争取更多的资源和支持,共同推动幼儿教育的进步和发展。

（二）多主体发展的成果展示

1. 幼儿身心健康的提升

多主体发展策略提升了幼儿园孩子的身心健康。视力检查和矫治训练有助于改善视力状况,饮食健康教育和干预有助于提升饮食习惯和营养摄入,增强体质。心理健康教育和沙盘游戏技术则能提高幼儿的情绪管理和心理适应能力。

2. 教师专业素养的提升

多主体发展为幼儿园教师的专业素养提升提供了有力支持。通过参加心理健康培训和课题研究等活动,教师对幼儿心理问题的识别和干预能力得到了提升。教师也参与教研活动和学术交流等活动,使自身的教育理念和教育方法得到了更新和完善。此外,通过家园共育和社区合作等活动的开展,教师的沟通能力和合作能力得到了提升,为更好地服务幼儿和家长打下了坚实的基础。

3. 家园共育成效的显现

多主体发展有效促进了幼儿园家园共育工作的成效。通过家长会、家园联系册和微信公众号等途径的沟通和合作,家长对幼儿园的教育理念和教育方法有了更深入的了解和认同。家长也参与幼儿园的活动和志愿服务,提升了对幼儿园的信任度和满意度。此外,通过家园共育的实施,家长的教育能力和素养得到了提升,为更好地支持幼儿的发展打下了坚实的基础。

4. 社区与专业机构合作的深化

通过多主体发展的实施，幼儿园、社区、专业机构的合作得到了进一步深化。如通过与眼科医院和心理咨询机构等合作，幼儿园为幼儿提供了更加专业和全面的健康服务。通过与社区图书馆、科技馆等合作，幼儿园为幼儿提供了更加丰富和多元的学习和活动机会。此外，通过与特殊教育学校和社会各界的合作，幼儿园为有特殊需求的幼儿提供了更加个性化的教育方案和服务，推动了幼儿教育的公平和包容性发展。

（三）案例分析：美墅幼儿园视觉健康管理项目

美墅幼儿园视觉健康管理项目是多主体发展成功实践的典型案例。该项目通过幼儿园、家庭、社区和专业机构等多方合作，共同推动幼儿视力健康的提升。

1. 项目背景与目标

随着电子产品的普及和学习压力的增加，幼儿视力健康问题日益凸显。为了保护幼儿的视力健康，美墅幼儿园启动了视觉健康管理项目。该项目旨在通过定期的视力检查、视觉健康教育和矫治训练等多维度措施，增强幼儿的视力健康意识和自我保健能力，降低近视等视力问题的发生率。

2. 项目实施过程

（1）幼儿园层面的实施

环境创设：幼儿园全力组织创设沉浸式良好的护眼环境。例如，调整教室灯光亮度，设置合适的课桌椅高度，提供充足的户外活动时间等，确保幼儿在良好的视觉环境中学习和生活。

课程与活动设计：幼儿园将视觉健康教育纳入日常教学计划，通过讲故事、做游戏等方式向幼儿普及眼保健知识。幼儿园还组织开展了视觉健康月活动，通过专题讲座、视力检查、矫治训练等形式，增强幼儿的视力健康意识和自我保健能力。（见图 2-2）

图 2-2　美墅幼儿园"爱眼护眼"游戏图

教师专业发展：幼儿园组织教师参加视力健康培训，提升教师对幼儿视力健康问题的识别和干预能力。幼儿园还鼓励教师参加与视力健康相关的课题研究，推动教师专业成长和幼儿园教育质量的提升。

（2）家庭层面的参与

家园共育：幼儿园通过家长会、家园联系册等途径向家长普及眼保健知识，提高家长对幼儿视力健康的重视程度。与此同时，幼儿园还邀请家长参与幼儿的矫治训练过程，形成家园共育的良好氛围。（见图 2-3）

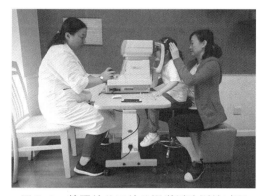

图 2-3　美墅幼儿园幼儿视觉矫治训练过程

家长教育：幼儿园举办家长学校活动，邀请眼科专家为家长讲解幼儿视力保健知识，帮助家长了解幼儿视力发展的特点和规律，掌握正确的护眼方法和策略。（见图 2-4）

图 2-4　专家讲解视力保健图

家庭环境创设：幼儿园指导家长创设有利于幼儿视力健康的家庭环境。例如，调整室内光线亮度，控制幼儿使用电子产品的时间，提供充足的户外活动机会等，确保幼儿在家庭环境中也能得到良好的视觉保护。（见图 2-5）

图 2-5　家庭视力保护图

（3）社区与专业机构的支持

社区资源利用：我们充分利用社区资源，组织幼儿参加社区的视力健康活动。例如，参加社区图书馆的科普讲座、社区组织的视力筛查活动等，拓宽幼儿的视野和知识面。

专业机构合作：幼儿园与眼科医院合作，为幼儿提供定期的视力检查和矫治训练服务。幼儿园还与心理咨询机构合作，为幼儿提供心理健康评估和干预服务，帮助幼儿建立正确的情绪管理和心理调适能力。

社会支持体系构建：我们还积极倡导社会各界关注幼儿视力健康问题，争取更多的资源和支持。例如，与公益组织合作开展视力健康公益活动、争取政府部门的政策支持和资金投入等，共同推动幼儿视力健康事业的发展。

3. 项目成果与影响

美墅幼儿园视觉健康管理项目实施后，幼儿视力健康状况改善，近视率降低。教师专业素养提升，家园共育成效显现，社区与专业机构合作深化。项目提高了社会对幼儿视力健康问题的关注，推动了视力健康事业的发展。

第三章
信息技术助力下的保育保健之为

随着数字化时代的到来，信息技术为幼儿园的保育保健工作带来了发展新机遇。本章节将详细分析信息技术如何推动幼儿园保育保健工作向现代化与智能化转型。从保健资料的电子化整理与智能分析，到后勤管理的高效工具的开发与运用；从园内保健工作的科学自评与持续优化，到保育方案的精确制定与灵活调整；信息技术在各个环节中发挥着关键作用，为幼儿园保育保健工作提供有力支持。通过本章节的讨论，我们将揭示信息技术如何提升幼儿园保育保健工作的效能，改善服务质量，促进幼儿的健康成长，并为幼儿园的持续发展注入新的生机与动力。

第一节　保健资料的收集与分析

在幼儿教育现代化发展进程中，保健资料的收集与分析成为提升幼儿园管理效能、保障幼儿健康成长的关键环节。随着数字化技术的飞速发展，传统纸质记录与人工分析模式已难以满足现代幼儿园对高效、精准管理的需求。数字化收集平台的应用，为幼儿园保健管理带来创新转变。它不仅整合了幼儿的基本信息、健康数据与成长记录，还通过智能化分析为个性化教育和家园共育提供了有力支持。

一、数字化收集平台

在当今这个信息化、数字化高速发展的时代，各行各业都在积极拥抱数字技术以提高效率、优化管理。幼儿教育领域也不例外，数字化收集平台正逐步成为幼儿园日常管理、健康管理及教育评估的重要工具。

（一）数字化收集平台的定义与功能

所谓数字化收集平台，就是指运用互联网、大数据、云计算等现代信息技术，对幼儿教育相关信息进行数字化的搜集、保存、处理和分析的系统。这个平台包括了幼儿的个人信息、健康记录、成长历程、教育评价等多个维度，为幼儿园的管理者、教师和家长提供一个全面且易于操作的信息管理解决方案。

数字化收集平台的功能包括但不限于下列诸项。

1. 基本信息管理

记录幼儿的姓名、性别、出生日期、户籍所在地、家庭住址、联系电话等基本信息，便于幼儿园进行日常管理和家校沟通。

2. 健康管理

收集幼儿的体检报告、疫苗接种记录、过敏史、疾病史等健康信息，建立幼儿健康档案，为幼儿园的卫生保健工作提供数据支持。

3. 成长记录

记录幼儿的身高体重、视力听力、血色素等生长发育指标，以及日常饮食、睡眠、运动等生活习惯，帮助教师和家长全面了解幼儿的成长状况。

4. 教育评估

通过数字化二具对幼儿的学习能力、社交能力、情感发展等方面进行评估，为个性化教育方案的制订提供依据。

5. 家园共育

建立家长与幼儿园之间的信息沟通桥梁，方便家长随时了解幼儿在园情况，参与幼儿园的教育活动，共同促进幼儿的全面发展。

（二）数字化收集平台的优势

在幼儿教育领域，数字化收集平台的应用为教育管理带来了诸多显著优势。

1. 提高管理效率

通过数字化三段，幼儿园可以更加高效地收集、整理和分析幼儿信息，减少纸质文档的使用，提高管理效率。平台还支持自动化提醒功能，如疫苗接种提醒、体检提醒等，有效减轻教师和家长的负担。

2. 促进信息共享

数字化收集平台打破信息孤岛，实现幼儿园、家庭、医疗机构等多方之间的信息共享。家长可以随时登录平台查看幼儿的在园情况，医疗机构也可以及时获取幼儿的健康信息，为幼儿的健康成长提供全方位保障。

3. 支持个性化教育

平台通过收集和分析幼儿的学习数据，为教师提供更加精准的参考。教师可以根据每个幼儿的特点和需求，制定个性化的教育方案，促进幼儿的全面发展。

4. 提升教育质量

数字化收集平台还支持对幼儿园教育质量的评估与监测。通过对幼儿成长记录的持续跟踪和分析，幼儿园可以及时发现教育过程中存在的问题和不足，采取有效措施进行改进和提升。

5. 增强家园互动

平台为家长和幼儿园提供便捷的沟通渠道，家长可以随时了解幼儿在园的学习和生活情况，与教师进行实时交流。这种互动不仅能够增强家长对幼儿园的信任和支持，也能促进家园共育的深入发展。

（三）数字化收集平台在幼儿教育中的实践案例

1. 幼儿健康管理平台

以普陀区的健康管理平台为例，该平台利用数字化技术，全面收集和管理幼儿的健康信息。家长和教师能够随时登录平台，查看幼儿的体检报告和疫苗接种记录等健康信息，并依据平台提供的建议进行健康干预。平台还能够持续跟踪和分析幼儿的生长发育指标，为教师和家长提供科学的育儿指导。该平台具有以下显著优势。

全面覆盖。平台覆盖了全区所有幼儿园的幼儿，实现了健康信息的全面采集和管理。

实时更新。家长和教师可以随时登录平台查看幼儿的最新健康信息，确保信息的时效性和准确性。

智能分析。平台利用大数据和人工智能技术对幼儿健康信息进行智能分析，为教师和家长提供了科学的育儿建议。

便捷沟通。平台支持家园之间的便捷沟通，家长可以随时与教师交流幼儿的健康状况和成长需求。

2. 幼儿电子档案系统

以小华的幼儿电子档案为例，该系统详细记录了幼儿的个人信息、健康数据、成长记录和教育评估等多方面的信息。教师可以借助该系

统全面了解幼儿的成长状况和学习需求，为个性化教育方案的制订提供有力支持。（见表 3-1）

表 3-1 幼儿电子档案

2022 学年第一学期		检查日期：2022-08-12		当前检查月龄：42 个月	
体重（kg）	10.0	年龄别体重	<P3	身高别体重	<P3
身高（cm）	94.0	年龄别身高	<P3	BMI	11.3
视力右	0.6	右眼视力评价	正常		
视力左	0.6	左眼视力评价	正常		
血色素	122	血色素评价	正常		
尿常规	正常	尿常规评价	正常		
听力	正常				
牙齿	正常				
幼儿入园前体检综合评价：宝宝视力目前未见异常，要继续保持、注意用眼卫生哦！					
经体检，幼儿体格发育评价属重度消瘦，家长应引起高度重视，注意孩子营养膳食，选择高蛋白、高热量的食物，如猪肉、牛肉、鸡蛋等，保证幼儿的睡眠，引导幼儿进行适量的运动。每月记录幼儿的体重，若连续三个月未见增长，请带幼儿去医院做进一步的病因筛查。希望家园共育，确保幼儿健康成长！					

这一尖端系统在功能方面呈现出诸多显著特征。

信息丰富。系统记录幼儿的身高体重、视力听力、血色素等生长发育指标，以及日常饮食、睡眠、运动等生活习惯，为幼儿园提供全面的幼儿信息。

动态更新。系统支持对幼儿信息的动态更新，我们可以随时记录幼儿的成长变化和学习进展。

个性化评估。系统利用数字化工具对幼儿的学习能力、社交能力、情感发展等方面进行评估，提供个性化的教育建议。

家园共育。系统支持家长随时登录查看幼儿的在园情况，参与幼儿园的教育活动，共同促进幼儿的全面发展。

（四）数字化收集平台面临的挑战与对策

数字化收集平台的广泛使用确实带来了诸多明显的好处，比如提高教学效率、扩展教育资源以及加强师生之间的互动，但在推广和应用这些新技术的过程中，也面临着一些不可忽视的问题和挑战。

1. 数据安全问题

确保幼儿信息在处理过程中的安全和隐私是关键问题，这关系到幼儿家庭权益和教育信息化的推进。

2. 技术门槛问题

一些教师和家长可能因缺少数字化工具使用经验，在使用教育信息化平台时遇到难题，无法充分利用其功能和优势，影响平台效果和教育质量提升。技术门槛限制了平台的普及和应用，也可能加剧教育资源分配不均。

3. 资源投入问题

建设与维护数字化收集平台需大量资源，牵涉人力、物力和财力。这些资源持续稳定的投入及合理规划配置，对平台稳定运行和持续发展至关重要，以防功能限制或服务质量降低。

4. 数据整合问题

不同教育信息化平台之间的数据整合和共享存在一定的技术和管

理难题，导致各个平台形成信息孤岛，数据无法互联互通，难以形成完整的教育数据链条。这种现象不仅削弱了教育数据的综合利用价值，也限制了教育决策的科学性和精准性，使教育资源的优化配置和个性化教育服务的落地面临较大挑战。

针对这些挑战，幼儿园可以采取以下一系列具体有效的对策。

对策一：加强数据安全管理。

幼儿园应当建立健全的数据安全管理制度和流程，确保每一项数据操作都有章可循。例如，可以制订详细的数据收集、存储、使用和销毁的规范，明确各环节的责任人；同时，采用先进的安全技术手段，如加密技术、访问控制、防火墙等，全方位保护幼儿的信息安全，防止数据泄露和非法访问。

对策二：提高教师和家长的数字化素养。

为确保数字化平台的高效运用，我们必须采取多种方法增强教师与家长的数字技术素养及技能。我们定期举办培训课程、专题讨论以及网络学习等，内容包括基础计算机操作、网络防护知识、平台操作技巧等，协助教师与家长更深入地掌握和应用数字化工具，提高他们的信息处理能力。

对策三：争取多方支持。

数字化收集平台的建设和维护需要充足的资源保障，所以我们应积极争取各方支持。可以向政府相关部门申请政策扶持和资金补助，与企业合作获取技术支持和设备捐赠，同时发动社会各界力量，如教育基金会、社区组织等，共同为平台的建设和维护提供必要的资源支持。

对策四：推动数据整合和共享。

通过与教育机构、技术企业等合作，促进各平台间的数据整合与共享。建立统一的数据接口标准，保障数据在不同系统间顺畅流动，消除信息孤岛，提高数据使用效率，为幼儿教育和管理提供更全面、更精确的数据支持。

（五）数字化收集平台的未来发展趋势

随着信息技术的持续进步和广泛普及，数字化收集平台在幼儿教育领域的应用前景将愈发广阔和深远。未来，数字化收集平台将呈现出以下几个发展趋势。

1. 智能化

利用人工智能和大数据技术，平台能更智能地分析处理幼儿信息，提供精准科学的教学和育儿建议，显著提升教育和育儿效果。

2. 个性化

平台将重视满足幼儿个性化需求，提供定制教育方案和多样学习资源，确保幼儿在适合的环境中得到最佳成长。

3. 移动化

随着智能手机和移动互联网技术的普及，平台将优化移动端服务，让家长和幼儿园更便捷高效地沟通，实现无缝的教育服务体验。

4. 开放化

平台将推动与其他教育系统的开放连接及数据共享，打破信息孤岛，实现教育信息互联互通，优化教育资源配置，构建安全、开放、协同的教育生态圈。

5. 融合化

平台将探索幼儿教育的深度整合，通过整合资源、创新理念、改进方法和优化模式，推动幼儿教育创新和发展，为幼儿创造优质学习环境。

二、智能分析系统

在数字化收集平台的基础上，智能分析系统的应用能够进一步提升幼儿园保育保健工作的科学性和精准性。智能分析系统通过大数据分析、机器学习等技术，对幼儿健康数据进行深度分析，为幼儿园的健康管理提供智能化支持。

（一）保健数据分析

幼儿的健康成长是幼儿园工作的核心，而保健数据分析则是确保幼儿健康的重要手段。智能分析系统通过集成先进的物联网技术、大数据算法和人工智能技术，能够实时、全面地分析幼儿的健康数据，为幼儿园提供科学、精准的保健管理方案。

1. 实时健康监测

智慧分析平台可与各类健康检测装置相连，包括体温计、心率表等，实时追踪孩童的生理参数。这些信息通过无线网络发送至平台后端，利用特定算法进行分析，能够迅速呈现幼儿的健康状态。若监测到不正常指标，平台将立即启动警报机制，通知护理人员和教师采取必要行动，保障幼儿获得及时的医疗关怀与照料。

2. 健康数据趋势分析

智能分析系统不仅能够实时监控，还能对幼儿的健康信息进行持续追踪与分析，生成健康趋势报告。这些报告揭示了幼儿成长发展的状态和可能的健康隐患。基于这些报告，幼儿园能够制订出健康计划，确保幼儿健康成长得到充分的支持。

3. 疾病预防与预警

智能分析系统依据幼儿健康数据和环境因素进行疾病预测和预警，分析易感疾病和高风险时段，提醒预防。

在流感高发期，系统预测风险，幼儿园则采取措施，如加强通风、增加消毒、提醒家长注意卫生，以降低流感发生率。

4. 健康管理决策支持

幼儿园的健康管理决策得到了智能分析系统的支持。该系统依据幼儿的健康信息和保健记录，生成详尽的健康报告和建议，为幼儿园构建健康管理政策、改善保健流程提供了科学的参考。

在幼儿园规划年度健康计划的过程中，智能分析系统能提供深入的健康数据分析报告，揭示幼儿园在健康管理工作中的不足之处及改进措施。幼儿园依据这些报告和建议，可对健康计划进行改进和调整，以增强健康管理工作目标的明确性和效果。

智能分析系统还支持教职工利用豆包等 AI 工具进行数据的整理和分析。豆包的智能语音识别和文本生成功能，可助力教职工迅速地输入和整理幼儿的健康数据，并提供数据分析建议。这种智能化工具的使用，能够提高工作效率，减少人为操作的错误，为幼儿园的保健管理决策提供更精确的数据支持。

（二）营养分析报告

幼儿的营养摄入量是影响其生长发育的重要因素。智能分析系统通过集成膳食管理、营养分析等功能，能够为幼儿园提供科学、全面的营养分析报告，确保幼儿获得均衡、合理的营养摄入。

1. 膳食数据收集与分析

幼儿园的膳食管理系统可与智能分析系统相连，实时提供幼儿的饮食信息。这些信息涵盖每日食物的种类、分量以及营养素等。通过分析这些数据，系统能够制作出详尽的膳食摄入报告，从而揭示幼儿的饮食结构和营养健康状况。

普陀区健康管理平台在幼儿园内收集了一周的饮食数据。分析结果显示，一些幼儿的蔬菜摄入量偏低，而蛋白质的摄入则过高。鉴于此，幼儿园可调整饮食方案，增加蔬菜的品种和数量，并适当减少蛋白质的摄入，以优化幼儿的饮食平衡。

2. 营养需求评估

智能分析系统能够依据幼儿的年龄、性别、体重、身高以及其他因素，对其营养需求进行评估。系统根据幼儿的个别差异，提供定制化的营养摄入方案，以确保每个幼儿都能得到适宜其成长发育的营养。

针对有营养不良风险的幼儿，智能分析系统依据其身体状况及营养需求评估，制订特定的营养增强方案。通过提升摄入富含优质蛋白质、维生素和矿物质的食物，幼儿的营养状况显著提升。

3. 营养均衡分析

智能分析系统具备评估幼儿膳食营养平衡的能力，能够分析膳食中各类营养成分的比例是否恰当。依据营养均衡分析的成果，系统向幼儿园提出膳食调整方案，旨在确保幼儿的饮食既满足营养所需，又保持均衡。

4. 营养教育支持

智能分析系统还能够为幼儿园提供营养教育支持。系统能够根据幼儿的营养状况和膳食习惯，生成营养教育课程和宣传材料，帮助幼儿和家长了解营养知识，培养良好的饮食习惯。

在幼儿园开展营养教育活动时，智能分析系统能够提供丰富的营养教育资源和案例。教师通过系统提供的课程和宣传材料，向幼儿和家长传授营养知识，引导幼儿养成健康的饮食习惯。

5. 营养干预效果评估

智能分析系统评估营养干预效果。通过膳食数据和营养指标对比，反映干预成效，为幼儿园营养管理提供依据。

实施营养改善计划后，系统再次评估幼儿膳食和营养状况，显示营养状况改善，饮食结构合理。幼儿园根据结果优化营养计划，提高管理效果。

AI技术发展，豆包、文心一言等工具在幼儿园营养管理中应用。教职工利用AI工具分析营养数据，文心一言生成详尽报告，提出改进建议，帮助调整饮食计划，确保幼儿营养均衡。

（三）智能分析系统在保健与营养管理中的综合应用

智能分析系统在幼儿园的保健与营养管理中发挥着综合作用。通过将保健数据分析和营养分析报告相结合，系统能够为幼儿园提供全方位、多维度的健康管理方案。

1. 个性化健康管理

智能分析系统能够根据幼儿的健康数据和营养状况，为其制订个性化的健康管理方案。这些方案包括饮食调整、运动计划、疾病预防措施等内容，旨在确保每个幼儿都能获得适合其个体需求的健康管理服务。

2. 健康管理效果跟踪

智能分析系统能够对健康管理方案的实施效果进行跟踪和评估。通过对比实施前后的健康数据和营养状况指标，可以看出健康管理方案的有效性，为幼儿园优化健康管理策略提供科学依据。

3. 家园共育支持

智能分析系统为家园共育提供有力支持。该系统能够分享幼儿的健康数据和营养分析报告给家长，使家长及时掌握幼儿的健康状况和营养需求，鼓励家长主动参与幼儿的健康管理工作。

三、数据可视化展示

幼儿园的管理方式已经突破了传统的纸质记录和口述传递的局限，信息技术的迅猛进步使得数据可视化成为幼儿园信息化管理的关键环节。我们利用直观和动态的数据呈现，使得管理效率得到了显著提高，幼儿园的开放性也得到了增强，这有助于促进家庭与园所的共同教育，进而提高教育品质。

（一）保健数据可视化

为了确保幼儿的身心健康，幼儿园需要定期收集、整理和分析各种保健数据，如幼儿的出勤率、疾病发生率、体格检查结果等。然而，传统的数据管理方式往往存在信息滞后、查询不便等问题，难以满足现代幼儿园的管理需求。

为了改变这一状况，我们决定引入数据可视化展示系统，将保健数据以直观、易懂的方式呈现在大厅的数据标注屏上。这块屏幕成了幼儿园的亮点，不仅吸引了家长和幼儿的目光，更为幼儿园的健康管理带来了全新的变革。

1. 数据标注与实时更新

大厅的电子显示屏上，清晰地标出了保健数据。这些数据涵盖了幼儿的关键指标，如身高、体重、视力和口腔健康，并以图表的形式直观地展现出来。如幼儿的身高和体重数据通过柱状图展示，让家长和教职工能够清楚地看到幼儿的成长情况。系统还支持数据的实时更新，保证了信息的准确性。

2. 常见疾病发病情况统计与分析

我们以月为统计周期，记录整理园内如普通感冒、手足口病、季节性流感等常见疾病发病例数。经数据收集整理，用饼图展示各类疾病在当月发病总数中的比例，不同疾病以不同颜色扇形区域表示，可直观呈现其在园内的分布情况。

为帮助家长和教职工理解、应对疾病，我们还在饼图旁附了简短精练的文字说明，内容包括各类疾病预防措施、日常生活注意事项及相关健康建议，以增强其疾病防控意识与能力，营造健康安全的园内环境。

（二）人员信息可视化

幼儿园管理中，人员管理同样占据着核心地位。我们将人员数量整合进数据可视化系统，以便精确监控幼儿园的人员动态。在大厅的另一块屏幕上，会实时展示在园幼儿和教职工的数量，以及各班级的人员分布。

这些信息以动态方式展现，根据幼儿的入离园和教职工的上下班时间实时更新。通过手机或电脑，我们可以远程访问这些数据，及时掌握幼儿园的人员情况。这不仅优化了我们的管理流程，还增强了幼儿园的快速反应能力。

1. 实时人员数据展示

在大厅的电子屏幕上，幼儿园的人员信息以动态图表的形式展示。这些信息包括每日在园幼儿人数、教职工人数以及各班级的出勤情况。如通过柱状图展示各班级的出勤率，园方可以直观地了解全园的出勤情况，并及时发现异常。这种实时数据展示不仅帮助园方优化人员配置，还为家长提供了幼儿在园情况的即时反馈。

2. 动态调整与预警机制

人员信息的可视化系统拥有灵活的动态调整能力，能够实时应对各种变化。如一旦某个班级的出勤率跌至设定的阈值以下，系统便会迅速激活预警机制，并自动创建及发送预警通知。这些通知能够迅速传达给幼儿园的管理层，并且详细指出需要关注该班级幼儿的健康状况以及其他可能的问题。借助这种高效的预警机制，幼儿园的应急反应能力得到了显著增强，能够快速实施有效的措施。此外，系统提供的实时数据和预警信息，也为幼儿园的决策提供了科学的参考，改善了管理和决策的品质。

3. 人员信息的安全与隐私保护

幼儿园在展示人员信息时，遵循隐私保护原则，对幼儿和教职工个人信息进行脱敏处理，确保数据安全和隐私。如幼儿姓名以拼音缩写形式显示，仅展示出勤和健康等必要信息。这些措施既符合法规，也赢得了家长信任。

（三）教育教学计划的可视化

在教育和教学领域，我们也充分利用数据可视化展示系统。以往，幼儿园的教育和教学计划常常以纸质形式展示在教室门口或公告栏，这不仅容易导致损坏和遗失，而且更新起来也相当费劲。为了改善这一状况，我们决定采用电子显示屏来展示教育和教学计划。

目前，每个教室门口都配备了电子显示屏，实时展示着班级的周计划、月计划以及每日的教学活动安排。这些计划由教师们预先输入系统，系统自动产生电子版的展示内容，并通过无线网络将内容传输到各个教室的显示屏上。

1. 电子显示屏的应用与优势

在本园的日常操作中，每个教室的入口处都安装了电子显示屏，用以呈现教育和教学的规划。这些显示屏不仅能够呈现文字资讯，还能利用图片、视频等多种方式生动地展现教学内容。比如，周计划以图文结合的方式展现本周的教学要点和活动日程，而月计划则通过视频来展示本月的教学目标和特色活动。这种电子化的展示方式不仅增强了信息的展示效果，还降低了对纸质资源的消耗，彰显了幼儿园的环保意识。

2. 家园互动与信息共享

互动电子屏为家庭与幼儿园之间的交流带来了便利。借助电子屏，家长们能够掌握幼儿在园所的课程内容和日常活动，还能通过二维码加入班级的微信群或参与在线互动，与教师即时交流。教师利用电子屏分享幼儿的活动表现和成长足迹，而家长则可利用网络平台反馈幼儿在家的生活状态。这种互动方式不仅加强了家庭与幼儿园的合作教育效果，还提高了家长的参与感和满意度。

3. 动态更新与个性化推送

教育教学计划的电子化展示支持动态更新功能。教师可以根据教学进度和幼儿的学习情况，实时调整周计划和月计划的内容，并通过电子显示屏及时发布。此外，系统还支持个性化推送功能，家长可以通过手机应用程序接收与幼儿相关的教育教学信息，确保每一位家长都能及时了解幼儿的学习动态。

（四）数据可视化展示的挑战与对策

在幼儿园信息化管理中，数据可视化展示的应用同样遭遇若干挑战。例如，确保数据的精确性和时效性、显示屏的保养和升级需要有专门人员负责，家长的信息化知识水平和接受新技术的能力也需要逐步提升。

为了妥善解决这些挑战，我们可以实施一系列有系统、有目标的策略。

其一，在数据管理领域，我们需大力强化数据的搜集与整理，利用科学手段保证数据的精确性和时效性，为后续工作打下坚实基础。我们应建立一套完备的数据刷新体系以保证数据的持续更新，确保显示屏上呈现的信息能够及时、准确地展现最新动态，避免因信息滞后而造成的不便。

其二，在组织结构和管理方面，我们建议成立一个专职的信息化管理部门，负责显示屏的日常保养和内容更新，确保其高效运行。另外，为了防止技术问题的发生，我们应定期对显示屏进行全面检查和必要的维护，及时发现并处理潜在问题，保证显示屏始终处于最佳工作状态。

再者，在提升用户信息化知识方面，我们应定期举办信息化培训课程，通过讲座、实际操作等多种方式，有目的地提高家长的信息化知识和新技术适应能力，使他们能更熟练地操作信息化设备，更好地适应信息化时代的发展需求。通过这些全面的策略，我们能显著提高应对挑战的能力，确保各项工作的顺利开展。

数据可视化展示是幼儿园信息化管理的创新手段。它通过直观、动态的数据呈现，不仅提升了幼儿园的管理效率和透明度，还增强了家长的参与感和信任度，推动了家园共育和教育质量的提高。在未来的发展道路上，我们将持续探索数据可视化展示在幼儿园信息化管理中的更多应用领域和实践方法，为幼儿园的持续发展注入新的活力。

第二节　幼儿园后勤管理的工具开发与使用

幼儿园日常运营的核心之一是后勤管理，它对确保幼儿园顺畅运作起着至关重要的作用。后勤管理的科学性、规范性和智能化程度，直接影响幼儿的成长环境和园所的运作效能。信息技术的迅猛进步使得传统后勤管理方法已不再适应现代幼儿园对效率、透明度和协作管理的高标准要求。所以我们寻找并采纳创新的管理解决方案，如 ACS 保育工具管理法、移动化管理应用和集成化管理系统等。这些新方案的应用不仅改善了管理流程，还为家园合作、资源合理分配以及食品安全管理提供了坚实后盾，引领幼儿园后勤管理进入数字化和智能化的新时代。

一、ACS 保育工具管理法

为了增强后勤工作的效能，保障幼儿在园中的生活安全、卫生与健康，我们在实际操作中研究并归纳出了一套实用的 ACS 保育工具管理法。这套管理运不仅改善了保育工具的使用流程，还大幅度提升了后勤管理的细致程度。

（一）ACS 保育工具识别系统的引入背景

在幼儿园的日常运营中，保育工作涉的工具种类繁多，使用频率高，且分布在不同区域。这些工具包括清洁工具、餐具、保育用品等，它们对于维持幼儿园的卫生环境和幼儿的健康至关重要。然而，在实际操作中，我们遇到了不少问题。

1. 工具混用现象严重

由于工具种类多、数量大，且区域划分不明确，保育员、营养员等后勤人员容易在不同区域内混用相似工具，增加病菌交叉感染的风险。

2. 工具管理不规范

部分带班教师对保育工具的管理规范了解不足,在借用工具时容易出现错拿、错用、错放的情况,严重影响后勤工作的效果。

3. 工具识别难度大

在没有明确标识的情况下,后勤人员难以快速识别工具及其对应的放置区域,导致工作效率低下。

为了解决上述问题,我们决定引入ACS保育工具识别系统,通过颜色、区域和标志的设定,实现保育工具的分区保管、分区专用以及不交叉混用的规范要求。

(二)ACS保育工具识别系统的定义与实施

1. 定义

ACS工具识别系统,即对于不同的区域(area)分别以不同的颜色(colour)系列予以不同的标志(sign)设定。根据各保育区域的主色调,将其中存放的各类保育工具和材料标记为同种颜色,以便识别、分类和整理。这一系统的核心在于借助颜色编码和标志设置,帮助后勤人员能够简单、清晰地识别各区域的工具,从而确保使用工具的便捷性、卫生性和安全性。

2. ACS保育工具管理法的实施步骤

(1)颜色分类

根据保育工具的使用场合和作用,我们可以挑选不同的色彩来进行区分。比如,蔬菜加工区用绿色表示,禽肉加工区用红色表示,水产品加工区用蓝色表示,水具加工区则用黄色表示。色彩的直接区分帮助保育人员迅速辨认工具的适用范围,有效规避工具混用引起的交叉污染风险。

在日常操作中,所有与食品加工相关的工具,包括篮筐、刀具、砧板、货架等,都使用相应的颜色进行标记,如绿色的篮筐和刀具专门用于蔬菜的清洗和切割,而红色的工具则专用于禽肉的处理。这种色彩分类法不仅适用于厨房，也延伸至幼儿用餐区，确保幼儿使用的餐具和工具始终清洁安全。

（2）区域划分

在幼儿园中，保育区域依据工作场景的不同被细分为多个功能区，包括但不限于厨房加工区、幼儿用餐区、班级清洁区、卫生间清洁区等。每个功能区的工具都遵循统一的颜色编码规则，并且在各自区域内有序摆放。

厨房加工区的工具依据颜色分类原则，被整齐地安置在各自的加工区域；幼儿用餐区的餐具和清洁工具则用黄色标记，分别存放在餐具存放区和清洁工具区。这种区域划分方式使得保育人员能够迅速定位所需工具，有效缩短寻找工具的时间，从而提升工作效率。

（3）标志系统

每个保育区域的固定位置设置了标志牌，明确标注工具的名称、用途和存放位置。标志牌采用与工具颜色一致的编码，帮助保育人员快速识别和归位工具。

例如，在厨房的蔬菜加工区，绿色标志牌上标注"蔬菜专用刀具""蔬菜清洗篮"等字样，保育人员可以根据标志牌快速找到对应的工具，并在使用后将其放回原位。这种标志系统不仅规范了工具的存放，还减少了工具丢失或错放的可能性。

（三）ACS 保育工具管理法的具体应用

1. 生活环境创设与保育空间利用

在构建幼儿园的保育环境时，我们借助 ACS 工具识别系统，对空间进行了恰当的规划和使用。例如，在洗手间，我们一致采用蓝色的拖把、抹布以及垃圾桶等清洁工具，这不仅美化空间，也保障工具的专用和清洁。此外，我们还通过颜色编码清晰区分不同的保育区域，如清洁区、消毒区和储藏区分别用不同颜色标记，从而提升空间使用效率和管理效能。

2. 保育工具和材料管理

在管理保育工具和材料方面，ACS 工具识别系统起到了关键作用。依据工具的类型和用途，我们将它们分门别类地存放在不同的位置，并通过颜色编码来标识。如在营养室内，我们用绿色来表示蔬菜、红色表示禽肉、蓝色表示水产品、黄色表示水果等，对各种待加工食物的使用工具和存放区域进行了清晰的划分。这样做防止了因工具的混用而造成的交叉污染，提升了食物加工的安全性和效率。

3. 全员参与的后勤管理工作机制

ACS 保育工具管理法的成功实施离不开全员参与的后勤管理工作机制。我们打破常规的"各部门独立管理"的分部门后勤管理机制，建立"全员参与统筹管理"的整合式后勤管理模式。在这一模式下，全体教职员工都成了后勤管理的参与者和监督者，他们共同参与保育工具的管理和维护工作，实现后勤保障教学、教学推进后勤的相互合作、相互服务的保教融合局面。

例如，在推广 ACS 工具识别系统的前期，我们发现保育工具的管理问题没有得到显著改善。经过调查，我们发现这主要是由于带班教师对保育工具管理规范知之甚少，在借用工具时容易出错。为此，我们组织了对全体教师的幼儿日常保健和保育知识培训，充分发挥带班教师在日常保育工作中的监督作用。这一举措有效地解决了因保健教师监管不及时、不到位而产生的保育质量问题。

（四）ACS 保育工具管理法的成效与反思

1. ACS 保育工具管理法的成效

（1）减少交叉污染

通过颜色分类和区域划分，ACS 保育工具管理法有效避免了因工具混用导致的交叉污染。例如，在厨房加工区，不同颜色的工具分别用于不同种类的食物处理，确保了食品加工过程中的卫生安全。这种管理方法符合食品安全标准，为幼儿的健康提供了有力保障。

（2）提高工作效率

ACS 保育工具管理法通过明确的区域划分和标识系统，简化了工具的取用和存放流程。保育人员可以快速找到所需的工具，并在使用后迅速归位，减少寻找工具的时间和精力，显著提高了工作效率。

（3）规范工具管理

通过颜色分类和标识系统的应用，ACS 保育工具管理法实现了工具的分区专用和规范存放。保育人员可以根据颜色和标识快速识别工具的使用范围和存放位置，减少工具混用和错放的现象，确保工具管理的规范化和标准化。

（4）提升后勤管理质量

ACS 保育工具管理法的实施，不仅提升了工具管理的效率和规范性，还为幼儿园的后勤管理提供了有力支持。通过科学的颜色编码和区域划分，后勤管理人员可以更直观地监督工具的使用情况，及时发现和解决问题，提升后勤管理的整体质量。

2. ACS 保育工具管理法的反思

在实施 ACS 保育工具管理法的过程中，我们面临诸多挑战和难题。初始阶段，一些后勤人员在颜色编码识别方面的能力不足，这要求我们加强培训以提高他们的技能水平。此外，部分区域的颜色配置方案并不合理，需要进行调整和优化。

为解决这些问题，我们将采取一系列改进措施。一方面，持续迭代 ACS 工具识别系统，改善颜色编码的设计，使其更加清晰易懂。另一方面，增加培训和宣传的力度，通过定期举办培训讲座和实际操作练习活动，全面提高后勤人员的专业能力和操作技巧，提升他们对 ACS 保育工具管理法的理解和参与度。我们相信，通过这些综合性的措施，ACS 保育工具管理法将在实际操作中持续有效地发挥作用，为保育工作的顺利开展提供坚实的支撑。

二、移动化管理应用

近年来，随着移动互联网技术的飞速发展，幼儿园后勤管理逐步引入了多种移动化管理工具，如"明厨亮灶"系统、钉钉采购管理小程序以及资产管理小程序等。这些工具不仅优化了管理流程，还提升了透明度和家长的参与度，为幼儿园的后勤管理带来全新的变革。

（一）移动化管理应用的定义与意义

借助于先进的移动互联网技术，移动化管理应用将原本只能在固定场所和设备上使用的传统管理流程和工具，巧妙地转移到便携的移动设备上。这样一来，管理操作不再受到时空的限制，可以随时随地灵活高效地执行。在幼儿园后勤管理这一特定领域，移动化管理应用的重要性尤为突出，其关键优势主要表现在以下几点。

1. 提升管理效率

随着移动化管理工具的诞生，传统管理的时空限制被打破，管理者不再局限于特定的办公地点和时段，而是能够利用移动设备，随时随地高效地处理后勤事务。从采购申请的提交和审批，到设备报修的快速反应和跟进，再到库存管理的实时监控和调整，这些曾经耗时费力的管理任务，现在借助移动化管理工具可以迅速完成。这不仅显著增强了管理工作的灵活性和便捷性，还大幅提升了管理效率。

2. 增强透明度与监督力度

借助于功能强大且易于使用的移动化管理平台，后勤团队成员能够随时、实时地监控和了解各项后勤任务的执行细节。这个平台不仅提供全面的数据和资讯，还支持即时更新，保证管理者能够立即察觉到后勤任务中出现的任何问题和缺陷。一旦识别问题，管理者能够迅速做出回应，及时采取措施进行调整和优化，确保后勤任务的顺畅执行和幼儿园整体运营的高效稳定。

3. 促进家园共育

移动化管理工具的应月范围不仅适用于园内的日常管理工作，它还进一步拓展了服务功能，为广大家长开辟了一条直接参与幼儿园管理的便捷渠道。借助这一工具，幼儿园可以通过微信小程序等移动平台，实时向家长推送有关食材采购的详细信息，包括食材的来源、品质、采购时间等；也可以推送幼儿园资产管理的最新动态，如教学设备的使用和维护情况、园内设施的更新与改善等。这种透明化的信息共享机制，不仅让家长对幼儿园的后勤保障工作有更直观、更全面的了解，而且有效提升家长对幼儿园管理的信任度，进而增强家长对幼儿园整体教育服务的满意度和认同感。

4. 优化资源配置

具备实时监控功能的移动化管理平台，能够精确追踪并记录各种资源的使用情况。借助此平台，园所管理者能够全面了解资源动态，进而科学地规划采购策略，确保采购的物资既满足需求，又防止因过度采购造成的浪费。此外，该平台还能协助园所管理者进行资产的有效管理，通过数据分析预测资源需求趋势，优化资源分配，降低资源闲置和多余。这不仅能够避免资源的无效浪费，还显著提高资源使用效率，确保每项资源都能发挥最大效用，为园所的持续发展打下坚实基础。

（二）钉钉采购管理小程序的应用与实践

作为幼儿园后勤工作核心部分的采购管理，其关键性显而易见。但是，传统采购流程手续繁杂且透明度不足，导致效率低、信息流通不顺畅，有时还会引起资源的浪费和成本的上升。最近几年，幼儿园引入钉钉采购管理小程序用以管理采购流程。该小程序利用数字化技术，改善采购流程，增强信息透明度，使得采购活动更加高效和方便，显著提升了幼儿园后勤管理的整体效能。

1. 小程序功能与优势

钉钉采购管理小程序通过数字化手段优化采购流程。园内各部门可以通过小程序提交采购申请，注明采购物品的名称、数量、用途等信息。采购申请提交后，系统自动流转至采购部门进行审批和处理。采购完成后，相关信息会自动同步至财务部门进行报销和记录。

2. 提升采购效率

钉钉采购管理小程序能够实现采购流程的自动化和信息化，减少人工操作的烦琐流程和误差。采购申请的自动流转和审批功能可以大大缩短采购周期，提高采购效率。

3. 优化资源配置

通过钉钉采购管理小程序，园方可以实时监控采购物品的库存情况，合理规划采购计划，避免资源浪费。系统还可以生成采购报表，帮助园方分析采购成本和资源使用情况，为决策提供数据支持。

（三）资产管理小程序的应用与实践

资产管理是幼儿园后勤管理体系的关键构成部分，作用重大。它涉及幼儿园物资采购、使用、维护、报废等全过程，直接关系到幼儿园的正常运营与教育质量。但传统资产管理方式有诸多弊端，如信息记录不准、更新不及时、管理流程不规范、缺乏系统性，既增加管理难度，又容易导致资源浪费与资产流失。

资产管理小程序基于移动互联网技术，通过数字化、智能化手段，能够帮助幼儿园实现资产信息实时更新、精准记录与高效管理。该小程序还能凭借数据分析功能，为幼儿园资源配置和决策提供科学依据，有效提升幼儿园资产管理整体水平。

1. 小程序功能与优势

资产管理小程序通过数字化手段优化资产的采购、登记、使用和报废流程。园内各部门可以通过小程序提交资产采购申请，注明资产的名称、规格、用途等信息。采购完成后，资产信息自动录入系统，生成唯一的资产编号和二维码标签。使用部门可以通过扫描二维码随时查看资产的状态和使用记录。

2. 提升资产管理效率

资产管理小程序实现了资产信息的实时更新和动态管理，如通过该小程序,园方可以随时查看资产的使用状态、维修记录和报废情况,及时进行资产调配和更新。

3. 优化资产配置

通过该小程序,园方可以实时监控资产的使用情况,合理规划资产采购和调配,避免资产闲置和浪费。系统还可以生成资产报表,帮助园方分析资产使用效率和价值,为决策提供数据支持。

(四)移动化管理应用的挑战与对策

目前,移动化管理应用在实际推广和应用过程中仍面临一些挑战。

1. 技术门槛与培训需求

部分教职工可能对移动化管理工具的使用不够熟悉,需要进行系统的培训。幼儿园可以通过组织培训课程、制作操作手册等方式,帮助教职工快速掌握移动化管理工具的使用方法。

2. 数据安全与隐私保护

移动化管理工具涉及大量敏感信息,如采购数据、资产信息等,数据安全和隐私保护至关重要。幼儿园应建立健全的数据安全管理制度,采用加密技术、访问控制等手段,确保数据的安全性和隐秘性。

3. 系统兼容性与稳定性

移动化管理工具需要与园内现有的管理系统兼容,并保持稳定运行。幼儿园应选择成熟可靠的移动化管理平台,并定期进行系统维护和升级,确保系统的兼容性和稳定性。

4. 家园沟通与协作

移动化管理工具的推广需要家长的积极参与和支持。幼儿园应通过家长会、宣传手册等方式,向家长介绍移动化管理工具的功能和优势,增强家长的参与度和信任度。

三、集成化管理系统

随着科技的发展和幼儿园管理需求的增长,集成化管理系统在幼儿园的日常管理中变得越来越关键。该系统将各种管理资源融合在一起，并利用先进的技术手段，使得管理流程更加高效。它不仅能提高管理的效率，还能通过智能的数据分析为科学决策提供依据，确保管理的智能化。此外，系统按照教育管理的标准来设计，确保幼儿园管理活动的规范化，为教育环境的有序、高效和安全提供保障。

（一）集成化管理系统的概述

综合管理系统是一种将机构的各个部门和操作流程融合进一个统一框架的管理方式。它利用信息技术，对幼儿园的人员、财务、物资、信息等资源进行高效整合，构建出一个统一的管理架构。这个架构能够即时展现幼儿园的运营状态，为决策者提供决策辅助，同时提升管理效能和品质。

在幼儿园的管理实践中，综合管理系统展现了其突出的优点。第一，它有利于实现信息的即时传递与共享，保证不同部门间沟通的顺畅性。第二，它通过数据的分析与挖掘，为幼儿园提供基于科学的管理决策支持，助力管理者更准确地把握幼儿园的发展动向。第三，它还提升了幼儿园的管理效能，减少人为失误和重复工作，使管理者能更专注于幼儿园的主要业务。

（二）明厨亮灶：集成化管理在食品安全管理中的应用

1. 明厨亮灶系统的介绍

明厨亮灶系统是一种集视频监控、网络技术、大数据分析于一体的智能化食品安全管理系统。它通过在后厨安装高清摄像头，实时将厨房的烹饪过程、卫生状况、食材存储等情况传输到监控中心或家长、教育主管部门的手机上，实现厨房的透明化管理。

在幼儿园中，食品安全是关乎幼儿健康的大事，也是家长和社会关注的焦点。传统的食品安全管理方式往往依赖于人工巡查和定期检查，但这种方式存在诸多弊端，如巡查范围有限、检查频率不高、问题发现不及时等。而明厨亮灶系统的引入，则有效地解决了这些问题。

2. 明厨亮灶系统在幼儿园管理中的作用

（1）提升食品安全管理水平

明厨亮灶系统能够实时监控厨房的各个环节，确保食材的新鲜度、烹饪过程的卫生状况以及厨师的操作规范。一旦发现违规行为或食品安全隐患，系统能够立即发出警报，并通知相关人员进行处理。这样，幼儿园就能够及时发现并纠正食品安全问题，从而提升食品安全管理水平。

（2）增强家长和社会的信任度

通过明厨亮灶系统，家长和社会可以实时查看幼儿园的厨房情况，了解幼儿的饮食安全和健康状况。这种透明化的管理方式增强了家长和社会的信任度，提升了幼儿园的声誉和形象。

（3）促进厨房管理的规范化

明厨亮灶系统不仅能够对厨房进行实时监控，还能够对厨房的管理进行规范化。系统可以记录厨房的各项工作数据，如食材采购量、烹饪时间、厨师操作记录等，为厨房管理提供科学依据。此外，系统还可以对厨师的操作进行评分和考核，激励厨师提高烹饪技能和卫生意识。

（4）提高应急处理能力

在食品安全事件中，明厨亮灶系统能够迅速提供事发时的视频资料，为事件的调查和处理提供有力证据。系统还能够通过大数据分析，预测潜在的食品安全风险，提前采取防范措施，提高幼儿园的应急处理能力。

（三）钉钉软件：集成化管理在日常运营管理中的应用

1. 钉钉软件的介绍

阿里巴巴集团推出的钉钉软件是一款面向企业的通信和办公平台，它集成了安全报修、技能信息化管理等多项功能。通过采用移动化和智能化的管理手段，钉钉助力幼儿园实现日常运营的高效和规范。

2. 钉钉软件在幼儿园管理中的作用

（1）安全报修管理

幼儿园内的设施、设备以及玩具等常常需要进行维护和保养。以往的报修方法主要依靠人工传递消息，这导致了信息传递的延迟和维修效率的低下，而钉钉软件提供的安全报修功能能够有效解决这些难题。

利用钉钉软件，教师和员工可以随时提交报修请求，并附上相关图片和问题描述。维修人员一旦接收到报修信息，便能迅速做出反应并处理维修事宜。此外，系统还能保存报修的整个过程和结果，为将来的维修工作提供依据。钉钉软件实现了报修管理的信息化和效率化。

（2）信息化技能管理

幼儿园教师和员工的专业技能与素养对教育品质起着关键作用。以往的技能提升与管理方法多依赖于实体培训和纸质记录，这导致了培训成效不理想和记录管理上的困难。钉钉平台的数字化技能管理功能能够有效克服这些难题。

利用钉钉平台，幼儿园能够创建教师和员工的技能档案，详细记录他们的培训历程、技能等级以及评估成绩。此外，该平台提供的网络培训服务，为教师和员工提供了方便快捷的培训途径，钉钉平台实现了技能管理的数字化和智能化。

（3）提升沟通协调效率

钉钉软件具有强大的沟通功能，支持文字、语音、视频等多种沟通方式。教职工可以通过钉钉软件随时随地进行沟通交流，及时传递信息和反馈问题。这样就有效地提高了教职工之间的沟通协调效率，减少了信息传递的时间和成本。

（四）集成化管理系统的优势

1. 提升管理效率

集成化管理系统通过自动化和信息化手段，优化了后勤管理流程，减少了人工操作的烦琐流程和误差。如通过钉钉平台，采购申请的审批时间缩短了 50%，采购成本降低了 20%。

2. 增强透明度与监督力度

通过明厨亮灶系统，幼儿园实现了厨房操作的全程透明化，便于管理者和家长实时监督。这种透明化的管理方式不仅提升了食品安全管理水平，还增强了家长对幼儿园的信任。

3. 促进家园共育

集成化管理系统通过信息化手段，为家长提供了参与幼儿园管理的渠道，如家长可以通过手机端查看幼儿的饮食、健康和活动情况，增强对幼儿园的信任和满意度，随时行使监督和建议的权利。

4. 优化资源配置

集成化管理系统能够实时监控资源的使用情况，帮助园方合理规划采购和资产管理，避免资源浪费，提升资源利用率。

（五）集成化管理系统在幼儿园管理中的未来展望

信息技术进步和幼儿园管理需求增长，使得集成化管理系统在幼儿园运营和管理中变得重要。集成化管理系统需满足基本管理功能，并优化扩展功能模块。在未来，集成化管理系统将影响幼儿园管理模式和服务质量，推动管理向智能化、高效化和人性化发展。

1. 智能化程度不断提高

未来的集成化管理系统将更加智能化，能够自动识别和处理各种管理问题。例如，通过人工智能技术，系统可以自动分析厨房的食品安全风险，并提前采取防范措施；通过大数据分析技术，系统可以预测幼儿的学习需求和发展趋势，为教师的教学提供有力支持。

2. 集成化程度不断加深

未来的集成化管理系统将更加深入地集成幼儿园的各种管理资源和技术手段，形成一个更加完整、统一的管理体系。这个体系将能够实时反映幼儿园的运营状况，为管理者提供更加全面、准确的信息支持。

3. 定制化程度不断提升

未来的集成化管理系统将更加注重定制化服务，能够根据幼儿园的实际需求和管理特点，定制适合的管理流程和应用模块。这样就能够更好地满足幼儿园的管理需求，提高管理效率和质量。

第三节　园本保健工作自评指南

在幼儿园的管理和发展过程中，园本保健活动是确保幼儿健康成长、提高教育品质的基础。但是，如何科学、高效地评价保健活动的执行情况是所有幼儿园园长和管理团队迫切需要解决的核心问题。我们深入研究园本保健活动的自我评估指导，从构建自我评估指标体系、建立和应用在线自我评估平台，到完善和执行持续改进机制，为幼儿园的管理者和教育从业者提供全面、有序的指导，帮助幼儿园在园本保健活动中完成自我检查、自我优化和自我提高，促使幼儿园的保育保健工作进入规范化、科学化和精细化的新境界。

一、自评指标体系构建

在幼儿园教育日益受到社会重视的今天，幼儿园的管理与质量提升成了教育工作者和家长共同关注的焦点。自评作为幼儿园内部管理的重要工具，不仅有助于幼儿园自我诊断、自我完善，更是推动幼儿园持续发展的有效手段。

（一）自评指标体系构建的原则

自评指标体系是指以幼儿园的教育目标和管理任务为基础，通过科学设计和系统整合，形成的一套用于衡量幼儿园各项工作成效的量化标准和评估工具。其核心在于通过明确的指标和科学的评估方法，对幼儿园的教育教学、后勤管理、师资建设、家园共育等各个方面进行全面、客观的评价。构建自评指标体系的原则主要体现在以下几个方面。

1. 科学性原则

自评指标体系的构建应基于幼儿教育的基本原理和规律，确保指标的科学性和合理性。科学性原则要求我们在构建指标时，要充分考虑幼儿身心发展的特点，遵循幼儿教育的客观规律，确保指标能够真实反映幼儿园的教育质量和管理水平。

2. 全面性原则

自评指标体系应涵盖幼儿园工作的各个方面，包括教育教学、卫生保健、安全管理、师资队伍、家园共育等。全面性原则要求我们在构建指标时，要全面考虑幼儿园工作的各个环节，确保指标能够全面反映幼儿园的整体状况。

3. 可操作性原则

自评指标体系应具有可操作性和可测量性，便于幼儿园进行自我评价和持续改进。可操作性原则要求我们在构建指标时，要尽量使用具体、明确、可量化的表述，避免模糊、抽象、难以衡量的表述，确保指标能够在实际工作中得到有效应用。

4. 发展性原则

自评指标体系应具有发展性和前瞻性，能够随着幼儿教育的发展和改革而不断调整和完善。发展性原则要求我们在构建指标时，要充分考虑幼儿教育的未来发展趋势，确保指标能够适应幼儿教育的新要求和新挑战。

（二）自评指标体系的内容框架

1. 教育教学指标

（1）教育目标明确性

幼儿园是否有明确的教育目标，目标是否符合幼儿身心发展的特点和规律，是否体现幼儿教育的全面性和启蒙性。

（2）教育内容适宜性

幼儿园的教育内容是否满足幼儿的兴趣和需要，是否贴近幼儿的生活实际，是否注重幼儿情感、态度、能力、知识、技能等方面的全面发展。

（3）教育方法灵活性

幼儿园的教育方法是否灵活多样，是否注重因材施教，是否鼓励幼儿主动探索、合作交流、实践操作。

（4）教育效具显著性

幼儿园的教育效果是否显著，幼儿是否在身心各方面得到健康发展，家长和社会的满意度如何。

2. 卫生保健指标

（1）卫生制度健全性

幼儿园是否建立健全的卫生保健制度，制度是否得到有效执行以及制度是否与时俱进、定期修订。

（2）环境卫生优良性

幼儿园环境卫生是否整洁、窗明几净、无污垢、无积灰；各类区域采光通风是否良好，各类清洁工具是否清洁干净且归类摆放，是否标识清晰。

（3）预防疾病有效性

幼儿园是否采取有效的疾病预防措施，是否有完整的传染病应急预案，是否有体弱幼儿矫治方案，是否建立五官保健随访机制，是否建立心理健康管理机制等。

（4）营养膳食合理性

幼儿园的一餐两点是否定量供应，食材是否多元且应季，食材互补是否科学，膳食搭配是否合理，膳食口味是否多样，膳食制定与加工是否根据幼儿年龄特点，营养素的供给是否满足幼儿生长所需等。

（5）健康教育的全面性

幼儿园健康教育是否契合当下时机，具有适时性；健康教育内容是否多元化（包括认知、营养、防病、五官、心理健康）；健康教育的对象是否包括三类人群（家长、教职工、幼儿）；健康教育形式是否多样性（线上与线下相结合、理论传递与实践体验相结合）。

（6）队伍建设的成效性

三大员技术职称是否每年增长，队伍建设机制是否完善，三大员职业规划是否明确，培训机制是否完善等。

（7）设施设备齐全性

各类保育保健工作区域设施设备是否达标，各类保育材料投放是否到位，各类用品是否按需投入等。

3. 安全管理指标

（1）安全制度完善性

幼儿园是否建立完善的安全管理制度，如门禁制度、接送制度、应急预案等。

（2）安全设施完备性

幼儿园的安全设施是否完备，如消防设施、监控设备、安全防护设施等是否齐全有效。

（3）安全教育经常性

幼儿园是否经常开展安全教育活动，增强幼儿的安全意识和自我保护能力。

（4）安全事故零发性

幼儿园是否发生安全事故，如幼儿走失、摔伤、烫伤等，事故发生率是否为零或较低。

4. 师资队伍指标

（1）师资配备充足性

幼儿园的师资配备是否充足，师生比是否合理，教师是否具备相应的专业资格和素质。

（2）教师专业发展性

幼儿园是否重视教师的专业发展，是否提供培训和学习机会，教师是否积极参与教研活动和课题研究。

（3）教师师德高尚性

幼儿园的教师是否具备高尚的师德，是否热爱幼儿、尊重幼儿、关心幼儿，是否为人师表、以身作则。

（4）教师团队协作性

幼儿园的教师团队是否协作默契，是否形成良好的工作氛围和团队文化。

5. 家园共育指标

（1）家园沟通畅通性

幼儿园是否与家长保持畅通的沟通渠道，是否定期召开家长会、家访等，是否及时反馈幼儿在园情况。

（2）家园合作紧密性

幼儿园是否与家长形成紧密的合作关系，是否共同参与幼儿的教育活动，如亲子活动、家长开放日等。

（3）家庭教育指导性

幼儿园是否对家庭教育提供指导和支持，是否帮助家长树立正确的教育观念、掌握科学的教育方法。

（4）家园共育成效性

幼儿园与家庭的共育效果如何，是否促进了幼儿的全面发展，家长对幼儿园的满意度如何。

（三）自评指标体系的权重分配

在创建自我评估指标体系时，我们不仅要明确每个指标的详细内容，还要对它们进行科学且合理的权重划分，确保每个指标的重要性与影响力得到充分展现。权重划分的恰当性直接影响评价结果的精确度与有效性，所以我们必须结合幼儿园的实际情况、教育目标以及工作重点来综合考量。

在实际的权重划分过程中，可以采取多种方法，如邀请专家进行评分，通过问卷调查收集意见，或者使用层次分析法等科学手段进行系统分析。通常情况下，教育和卫生保健指标是幼儿园工作的核心，它们是确保幼儿全面成长和健康发展的基础，所以这些指标的权重应当较高，以强调其在自评中的核心地位。安全管理和师资队伍指标同样重要，它们是保障幼儿园工作顺利进行的关键，权重也应适当，以反映其在自评中的重要性和紧迫性。尽管家园共育指标的权重相对较小，但其作用不容忽视，它是连接幼儿园与家庭、促进幼儿全面发展的关键，所以在权重划分时也应予以适当考虑，确保其在自评体系中有一席之地。通过这种全面且细致的权重划分，可以使自评指标体系更加科学和合理，从而更有效地指导幼儿园的工作，提高教育和管理水平。

（四）自评指标体系的实施步骤

1. 组织培训

幼儿园应组织全体教职工进行自评指标体系的培训，帮助大家了解自评的目的、意义、原则和方法，明确各项指标的具体要求和评分标准。

2. 自我评估

在培训的基础上，幼儿园应组织各部门和教职工进行自我评估，按照自评指标体系的要求，对本部门或本人的工作进行全面、客观、真实的评价，并写出自评报告。

3. 互评交流

在自我评估的基础上，幼儿园应组织各部门和教职工进行互评交流，相互学习，相互借鉴，相互启发，共同提高自评的准确性和有效性。

4. 汇总分析

幼儿园应对各部门和教职工的自评报告和互评结果进行汇总分析，找出存在的问题和不足，分析原因和症结，提出改进措施和建议。

5. 整改提高

根据汇总分析的结果，幼儿园应制定整改方案，明确整改目标、整改措施、整改时限和责任人，认真落实整改任务，不断提高幼儿园的管理水平和教育质量。

6. 定期复查

幼儿园应定期对自评指标体系进行复查和修订，根据幼儿教育的发展和改革要求，及时调整和完善指标体系，确保自评工作的科学性和有效性。

（五）自评指标体系的注意事项

1. 注重过程与结果相结合

自评不仅要关注结果，更要注重过程。在自评过程中，要关注幼儿园工作的各个环节和细节，发现问题，解决问题，改进工作，确保自评工作的实效性和针对性。

2. 注重定量与定性相结合

自评既要注重定量评价，也要注重定性评价。定量评价可以通过数据、指标等客观事实来反映幼儿园的工作情况，定性评价可以通过观察、访谈、案例分析等主观判断来反映幼儿园的工作特点和亮点。两者相结合，可以更全面、更准确地评价幼儿园的工作。

3. 注重自我评价与外部评价相结合

自评既要注重自我评价，也要注重外部评价。自我评价是幼儿园内部对自身工作的评价和反思，外部评价是上级部门、专家、家长等外部主体对幼儿园工作的评价和监督。两者相结合，可以形成更客观、更公正的评价结果，推动幼儿园的持续改进和发展。

4. 注重激励与约束相结合

自评需结合激励与约束，通过表彰奖励激发积极性，用制度规范行为，形成良好的工作氛围，推动工作顺利进行。

自评指标体系是幼儿园管理提升的关键。通过科学的自评体系发现并改进问题，提高管理水平和教育质量，需要教职工共同努力。

二、在线自评平台

在教育信息化快速发展的当下，幼儿园园本保健工作的在线自评平台成为提升保育保健质量、促进幼儿园可持续发展的关键要素。它借助现代信息技术，打破传统自评的局限，实现自评工作的智能化、高效化与精准化，为幼儿园的管理与发展提供有力支持。

（一）在线自评平台的构建背景与意义

《评估指南》出台后，幼儿园保育保健工作有了更严格、细致的标准。传统自评方式靠大量纸质材料与烦琐人工统计，效率低、易出错，难追踪分析数据，制约了自评工作质量的提升。而在线自评平台的出现，为解决这些难题提供了有效途径。通过构建该平台，幼儿园可实现保育保健工作全面信息化管理，各环节得到高效处理，既提高了自评准确性与效率，又为提升保育保健质量提供了技术支持与数据保障。

在线自评平台不仅能提升管理效率，更重要的是对推动幼儿园保育保健工作规范化、科学化至关重要。借助其数据收集与分析功能，幼儿园可全面、细致地掌握实际状况，精准识别问题与不足。基于分析结果，能有针对性地制订改进措施，提升整体水平。此外，该平台还提供多样自评资源和实用工具，有助于管理者和教职工提升自我评估能力，促使持续改进的良性循环机制的形成，为幼儿园长远发展奠定基础。

（二）在线自评平台的设计理念与功能

1. 设计理念

在线自评平台是一种基于互联网技术开发的管理系统，旨在帮助幼儿园实现自评的数字化和规范化。通过在线自评平台，幼儿园可以高效地完成各项评价任务，提升管理效率和质量。

在线自评平台的设计遵循以幼儿发展为核心、数据驱动决策以及便捷高效的理念。以幼儿发展为核心是平台设计的根本出发点，紧密围绕幼儿的身心健康成长需求构建评价体系。依据《幼儿园教育指导纲要（试行）》和《3—6岁儿童学习与发展指南》，全面考量幼儿在身体发育、认知发展、社会情感等方面受保育保健工作的影响因素。例如，在评价卫生保健工作时，着重关注疾病预防措施是否切实保障了幼儿的身体健康，为其认知与社会情感发展奠定坚实基础。

数据驱动决策理念贯穿平台设计始终，要求平台具备强大的数据收集、分析与呈现功能。平台通过对自评数据的深度挖掘，为我们提供科学决策依据。

便捷高效理念旨在简化自评流程，节省时间与人力成本。借助互联网技术，实现随时随地开展自评工作。教师和管理人员可通过电脑、平板或手机等设备登录平台，便捷地完成自评、互评及查看结果等操作，显著提高工作效率。

2. 功能模块

（1）数据录入与采集

多渠道数据录入。在线自评平台支持教职工通过电脑、手机等终端设备进行自评数据的录入，如教师可以通过手机App在课后立即录入当天的保育保健工作情况，确保数据的及时性和准确性。

自动化数据采集。平台还可以与幼儿园的其他信息系统（如健康管理系统、膳食管理系统等）进行对接，实现数据的自动化采集和同步，如健康管理系统可以定期将幼儿的体检数据、疾病发生情况等自动同步到自评平台，减少人工录入的工作量。

（2）数据分析与报告

多维度数据分析。平台具备多维度的数据分析功能，能够对自评数据进行深入挖掘和分析，如平台可以按照班级、教师、保育员等不同维度对数据进行统计和分析，帮助管理者了解不同群体的工作表现和存在的问题。

可视化数据展示。平台可采用图表、仪表盘等可视化工具对数据分析结果进行展示，使管理者能够直观地了解保育保健工作的整体状况和存在的问题，如平台通过柱状图展示不同班级幼儿的出勤率、疾病发生率等指标，通过折线图展示幼儿体重、身高等生长发育指标的变化趋势。

自动生成自评报告。平台能够自动生成详细的自评报告，包括评估指标得分、存在的问题与不足、改进建议等内容。报告以简洁明了、易于理解的方式呈现，方便管理者和教职工进行查阅和参考。

（3）用户管理与权限分配

用户角色划分。平台可以根据幼儿园的实际需求划分不同的用户角色，如园长、教师、保育员、财务人员等。每个角色具有不同的权限和功能，以确保数据的安全性和准确性。

权限分配与管理。平台设置了权限管理功能，对不同的用户角色进行权限分配和管理，如园长具有查看所有数据和报告、制订改进措施和计划的权限，而教师则只能查看和录入自己班级的数据和报告。

（三）在线自评平台的实施效果

1. 提高管理效率

在线自评平台利用信息化手段，实现了保育保健工作的自动化管理与高效数据分析，提升了管理效率。具体来说，平台可自动同步幼儿体检数据，大幅减少人工录入工作量，避免人为错误。而且，平台能自动生成自评报告与改进建议，让管理者快速、全面地了解工作状况，并据此制订可行的改进措施，优化管理流程。

2. 促进工作规范化

在线自评平台构建科学合理的评估指标体系及规范化数据采集流程，促进幼儿园保育保健工作规范化、标准化，如平台依据统一评估标准，对不同班级、不同教师保育保健工作量化评价，确保结果客观公正。而且平台对录入数据实时校验，严格审核，可以确保数据准确可靠，也为后续分析、决策提供数据基础。

3. 提升教职工自评能力

在线自评平台提供自评资源与工具，助力教职工提升自我评估能力。它可以提供自评指南、案例分析等资源，帮助教职工理解评估指标与标准，提升评估素养。此外，平台还提供在线培训与指导服务，让教职工掌握自评方法与技巧，以便在实际工作中更自信、高效地开展自评。

（四）在线自评平台的挑战与对策

1. 面临的挑战

（1）技术门槛较高

构建并实现在线自评平台，需依托先进技术手段与工具，涉及软件开发、数据库管理、网络架构等多领域，且要求幼儿园在技术设备与人员配备方面有较高水平。对很多幼儿园来说，该技术要求是巨大的挑战，尤其在技术人才匮乏时，有效整合资源、提升技术水平成为亟待解决的问题。

（2）数据安全问题

在线自评平台运行会涉及大量幼儿个人信息及敏感数据，其安全性与隐私保护极为重要。确保数据不被非法获取、篡改、泄漏是复杂且严峻的任务，不仅需在技术层面采取有效的安全措施，还需在管理制度与操作流程上做到严密细致，防范数据安全风险。

（3）教职工接受度问题

部分教职工由于对新技术感到陌生或不适应，可能对在线自评平台存在抵触情绪或接受度不高。这种心理上的抵触和行为上的不配合，会直接影响平台的推广和应用效果，导致平台的功能无法充分发挥，甚至可能引发一系列的管理和操作问题，影响幼儿园整体的教学和管理效率。

2. 解决对策

（1）加强技术培训与支持

为解决技术难度大的问题，我们需增强对教职工的技术培训和支援力度。我们可以通过安排定期的培训课程、请专家进行现场指导等方式，来提高他们的技术水准和应用技巧。此外，我们还与专业技术团队合作，利用外部资源确保平台的稳定运行和不断改进，及时处理技术问题。

（2）强化数据安全管理

针对数据安全问题，我们应建立健全的数据安全管理制度和流程，明确数据管理的责任和要求。例如，加强对幼儿个人信息保护，确保数据的合法使用；采用先进的数据加密技术，保障数据在传输和存储过程中的安全性；定期进行数据安全检查和风险评价，及时发现和排除安全隐患。通过这些措施，确保数据安全万无一失。

（3）提高教职工接受度

为提升教职工对在线自评平台的接受度与认可度，我们可采取多种宣传推广方式。比如，利用宣传栏、微信群、内部会议等渠道，广泛宣传平台优势与作用，使教职工了解其价值。同时组织教职工参与平台体验活动及分享会，让他们亲身体验平台功能与便利性，通过实际操作消除疑虑、增强信心。通过这些措施，逐步提高教职工接受度，确保平台顺利推广应用。

三、持续改进机制

在追求保育保健质量的征程中，幼儿园宛如一个持续优化的健康养护场，持续改进机制是其保持活力与发展动力的关键支撑。这一机制并非短期行动，而是贯穿于幼儿园保育保健各环节的动态进程，旨在以"适合教育"为导向，追求更高质量的幼儿健康保障，通过不断反思、调整和优化，确保幼儿园能契合幼儿不断变化的健康成长需求。

（一）持续改进机制的重要性

1. 顺应保育理念革新

随着社会发展，保育理念不断更新，从单纯的生活照料转向全方位的健康呵护。"适合教育"强调为幼儿提供适宜的成长环境。幼儿园借助持续改进机制，及时吸纳新的保健理念与方法，如引入科学膳食营养搭配、先进心理健康疏导方法等，紧跟保育前沿，让"适合教育"在保育保健中落地生根。

2. 契合幼儿个体差异

每个幼儿的健康状况与成长节奏都独具特点。持续改进机制助力幼儿园，深入洞察每个幼儿的体质、心理特点，据此调整保育策略，提供个性化的健康支持。比如，通过健康监测发现部分幼儿肠胃功能较弱，幼儿园可改进食谱，增加易于消化的食物；对于情绪易波动的幼儿，加强心理关怀与引导。

3. 提升幼儿园核心竞争力

学前教育竞争日益激烈，优质的保育保健服务是幼儿园的核心竞争力。持续改进机制能够不断优化幼儿园的保育质量、管理水平和服务品质，吸引更多家长和优秀保育人才，提升幼儿园的知名度和美誉度。注重持续改进的幼儿园，能在家长口碑和行业评比中脱颖而出。

（二）班本化保研机制

1. 班本化保研机制概述

班本化保研机制是我们保育工作持续改进的重要抓手，强调以班级为单位，深入保育工作的每一个细节，通过现场蹲点观察、问题记录与反馈、后续跟踪改进以及综合评价等环节，形成一套完整的问题发现与解决体系。这一机制旨在激发保育人员的主动性与创造性，促进保育工作的精细化、专业化发展。

2. 班本化保研机制的具体措施

（1）现场蹲点。深入一线，发现问题

现场蹲点是班本化保研机制的首要环节。园长、保健教师及教学管理人员定期深入班级，对保育工作的各个环节进行细致观察，包括但不限于幼儿的一日生活作息、保育员的日常操作、班级卫生状况等。

通过现场蹲点，能够直观地发现保育工作中存在的问题与不足，为后续的问题解决提供第一手资料。

例如，在2024年3月4日的会议上，我们组织了一次对小一班半日活动的现场观察。参与此次观察的包括保健教师与保教主任等人员。经深入观察后，保健教师提出小一班在卫生保健方面的几个显著问题：其一，餐车的使用率低，虽有配备却未得到充分利用，增加了餐具搬运的难度；其二，保育员在清洁工作时，消毒水的放置离幼儿过近，这对幼儿的安全构成潜在威胁；其三，班级内饮水杯的数量与幼儿人数不匹配，导致部分幼儿饮水受到影响。保教主任亦指出，在教育教学环节，沙水游戏的交流部分因话题过多而显得肤浅，不利于幼儿深入理解。点心时间的组织也存在问题，主班教师在关键时刻未在现场维持秩序，造成盥洗室人满为患。

（2）回头看。跟踪问题，确保改进

"回头看"是班本化保研机制中的关键环节。对于现场蹲点中发现的问题，我们要求相关责任人制订具体的改进措施，并在规定时间内完成整改。整改完成后，园方将组织人员进行复查，确保问题得到彻底解决。这种"回头看"的做法，不仅能够有效避免问题的反复出现，还能够促使保育人员形成持续改进的工作习惯。

仍然以小一班的保育问题为例。在处理小一班保育问题的过程中，我们特别针对餐车使用等问题进行了改进，并请来保健教师和保教主任进行后续的跟踪复查。一系列调整和优化后，小一班的保育工作有了显著的改善。尤其是在餐车使用方面，保育员现在能充分利用餐车搬运餐具，这不仅提高了工作效率，还改善了工作流程。我们发现消毒水的使用也更加规范，保育员在日常清洁中将消毒水妥善放置在安全地带，有效避免了安全风险。另外，班级饮水杯的数量也根据实际需求进行了适当调整，确保每个幼儿都能轻松饮水。教学环节也相应地进行了优化，沙水游戏交流分享时的话题更加精简，帮助幼儿更深入地理解游戏。在点心时间的安排上，主班教师也进行了灵活调整，有效缓解了盥洗室的拥挤状况。这些改进共同推动了小一班保育和教育质量的整体提升。

（3）综合评价。全面评价，提升质量

综合评价处于班本化保研机制的收尾阶段。我们定期举行保研会议，对保育活动的总体状况进行彻底检查。检查范围涵盖了保育人员的操作标准、教室的清洁程度、幼儿身体和心理的健康成长等多个维度。综合评价有助于真实地展现保育活动的成效，为接下来的工作优化奠定坚实的基础。具体实施方式有以下几种。

问卷调查。通过向家长发放问卷，了解家长对保育工作的满意度和建议。

同行互评。组织保育员进行相互评价，促进保育员之间的相互学习与共同进步。

园领导评价。由园领导对保育员的工作进行总体把握与指导，提出改进意见和建议。

（三）每月一次保研会议

1. 会议目的与内容

每月一次的保研会议是我们持续改进机制的重要沟通平台。会议旨在总结本月教育教学工作中的经验和问题，分享优秀案例，共同探讨解决方案，并制订下月的工作计划和重点。会议内容丰富多样，包括教师分享自己在教学实践中的创新做法和遇到的问题，如一名教师分享了如何通过绘本阅读活动培养幼儿的语言表达能力和想象力，但在活动过程中发现部分幼儿注意力不集中，参与度不高。管理人员汇报本月教学质量检查情况，指出存在的共性问题，如部分班级的教学计划执行不严格，教学进度滞后。教研人员介绍最新的教育研究成果和教学方法，并组织教师进行讨论和学习，如关于项目式学习在幼儿园教学中的应用等。

2. 会议组织与参与

保研会议由幼儿园园长或教学副园长主持,全体教师、教研人员和管理人员参加。为了确保会议的高效进行,会前提前收集教师和各部门的问题及建议,并进行整理分类。会议采用多种形式,如主题发言、小组讨论、案例分析等,鼓励保教人员积极参与,充分发表自己的意见和想法。例如,在讨论如何改进与完善室内运动环节中三位一体的保教人员实施要点时,有教师提出了一个实践工作中的问题:保育员餐前准备与运动中餐桌使用有冲突,如何兼顾两者?还有保育员提出当幼儿出现身体不适需要送至保健室时,能否关闭一个运动区域,等到患病幼儿处置完毕后再开启,等等。这些问题都真实反映了工作中的盲点,通过保研会议得到了有效解决。

3. 会议成果与应用

会议成果通过会议纪要的形式进行记录和传达,并转化为具体的行动计划和工作要求。例如,针对会议中提出的教学计划执行不严格的问题,制订了教学计划检查制度,要求教师每周提交教学计划执行情况报告,管理人员定期进行检查和反馈;整理和推广教师分享的优秀教学案例,组织其他教师观摩学习。通过将会议成果应用到实际工作中,推动了幼儿园保教质量的提升。

(四)持续改进机制的实施效果

1. 保教质量显著提升

实施持续改进机制后,保教品质显著提高。教师采用更加灵活多变的保教方式,依据幼儿的个性和需求实施个性化教育;课程内容变得更加生动有趣,着重幼儿全面素质和创新思维的培养。在对幼儿发展的评价中,我们发现幼儿在语言、认知、社交、情感和运动技能等方面都有了显著的进步,同时他们的学习热情和自信也得到了显著增强。

2. 保育人员专业成长迅速

持续改进机制为保育人员提供了不断学习和成长的机会。通过现场蹲点、保育研讨会议、问题解决等活动，保育人员能够及时发现自己在保育工作中的问题和不足，学习他人的优秀经验和做法，不断更新保育理念和保健方法。幼儿园组织的各种培训和活动，也为保育人员的成长提供了有力支持。在持续改进机制的激励下，许多保育人员从初出茅庐的新手，逐步成长为保育保健领域的骨干力量，有力推动了幼儿园保育保健工作的高质量发展。

3. 家园合作更加紧密

持续改进机制注重家长的参与和反馈，通过定期的家长会、家长问卷调查、家长开放日等活动，加强了幼儿园与家长之间的沟通和交流。家长对幼儿园的工作更加了解和信任，积极参与幼儿园的保教活动，如家长志愿者活动、亲子活动等。家园合作的紧密程度不断提高，形成了教育合力，共同促进幼儿的健康成长。

4. 幼儿园影响力不断扩大

随着教育品质的提高、保育工作者的专业发展以及家庭与幼儿园合作的深化，本幼儿园的声誉和好评度持续上升。越来越多的家长倾向于选择我们幼儿园，而且其他地区的幼儿园也竞相来此交流和学习，使得本园在学前教育界的影响力日益增强。这不仅为本园的发展开辟了新的道路，同时也为促进本地区学前教育的进步贡献了力量。

第四节　信息技术在个性化保育方案中的应用

在幼儿教育领域，每个幼儿都是独一无二的，具有独特的成长节奏、发展需求与个性特点。传统保育模式面对幼儿群体多样性时，难以精准回应幼儿的需求。

在信息技术迅猛发展的时代背景下，我们深入探讨了信息技术在个性化保育方案中的多元应用。从绘制幼儿健康画像、把握健康动态，到依托智能算法、生成智能保育计划；从利用家园共育平台打破沟通壁垒、凝聚教育合力，到凭借信息技术评价与调整保育方案，信息技术正全方位重塑保育生态，为幼儿健康成长筑牢根基，开启幼儿教育新篇章。

一、幼儿健康画像绘制

在当今的幼儿园照护实践中，信息技术的普遍使用为制订照护计划提供了有力的辅助。幼儿健康档案的创建是信息技术运用的关键展示之一。幼儿园通过融合多种信息技术工具，能够详尽且准确地捕捉和解析幼儿的健康信息，进而为每个幼儿打造专属的个性化照护计划，保障幼儿在园内的健康成长。

（一）幼儿健康画像的概念与意义

幼儿健康画像是以信息技术为支撑，通过收集、整理和分析幼儿的健康数据，形成一个全面、动态的健康档案。它不仅包括幼儿的基本健康信息，如身高、体重、视力、听力等，还涵盖幼儿的日常活动数据、饮食习惯、睡眠情况以及心理情绪等多维度信息。这种画像能够直观地呈现幼儿的健康状况，为教师、保健教师和家长提供科学的决策依据。

幼儿健康画像对现代教育至关重要。它为个性化保育提供基础，帮助教师和保健教师了解幼儿的健康需求，制订个性化保育策略。而且它作为健康管理的监控器，能实时记录幼儿健康状况，及时发现并干预问题。此外，它还能促进家园合作，通过共享健康数据，加强家长与园方的沟通，共同保障幼儿健康成长。

（二）信息技术在幼儿健康画像绘制中的应用

1. 数据收集——多元化数据源整合

幼儿健康画像的绘制离不开丰富的数据支持。在信息技术的助力下，我们可以整合多种数据源，包括但不限于幼儿的体检数据、日常活动量监测数据、心理测评数据、游戏互动数据以及教师观察记录等。

（1）体检数据

定期的健康检查，获取幼儿的身高、体重、视力、听力等基本生理数据，可以为健康画像提供基础依据。

（2）日常活动量监测数据

利用可穿戴设备（如智能手环）监测幼儿日常活动量、睡眠质量等，评价其身体素质和运动习惯。

（3）心理测评数据

专业的心理测评工具（如"房树人"测验）和量表，了解幼儿的心理状态、情绪管理能力、社交技能等。

（4）游戏互动数据

在幼儿参与的角色扮演、积木搭建等游戏中，通过智能摄像头捕捉幼儿的行为表现，分析其在游戏中的参与度、合作能力、创造力等。

（5）教师观察记录

在日常教学和保育过程中，教师详细观察、记录幼儿的行为表现、性格特点、兴趣爱好等，作为幼儿健康画像的重要补充。

2. 数据分析——智能算法助力精准评估

在收集到大量数据后，如何高效地分析并提炼出有价值的信息，成为绘制幼儿健康画像的关键。信息技术的应用，特别是大数据分析和人工智能算法，为这一过程提供了有力支持。

（1）大数据分析

利用大数据平台，对收集到的数据进行清理、整合和挖掘，发现数据间的关联性和规律性，为幼儿健康画像提供科学依据。

（2）人工智能算法

运用机器学习、深度学习等人工智能技术，对幼儿的行为特征、心理状态等进行精准识别和分类，提高评价的准确性和效率。

（3）可视化呈现

通过图表、曲线图、雷达图等可视化手段，将分析结果以直观、易懂的方式呈现出来，便于教师和家长快速理解幼儿的发展状况。

3. 个性化保育方案制订——精准施策，因材施教

基于幼儿健康画像的分析结果，教师可以为每个幼儿量身定制个性化的保育方案，实现因材施教。

（1）生活护理

根据幼儿的体质状况和日常活动量监测结果，制订科学合理的饮食计划和运动方案，促进其身体健康发展。

（2）心理支持

针对幼儿在心理测评中表现出的问题，如孤独症倾向、多动症症状等，及时给予专业的心理辅导和干预，帮助其建立积极健康的心理状态。

（3）社交能力提升

结合幼儿在游戏互动中的表现，设计有针对性的社交技能训练活动，增强其合作能力、沟通能力和问题解决能力。

（4）兴趣爱好培养

根据幼儿的兴趣爱好和特长，提供个性化的学习资源和活动机会，激发其学习兴趣和创造力。

4. 家园共育——建立信息共享与沟通机制

幼儿健康画像的绘制不仅是幼儿园内部的工作，还需要家长的积极参与和配合。通过建立信息共享与沟通机制，实现家园共育的深度融合。

（1）在线平台

利用幼儿园官方网站、微信公众号等在线平台，定期向家长发布幼儿健康画像报告，让家长随时了解幼儿的发展状况。

（2）家长工作坊

定期举办家长工作坊，邀请专家和家长共同探讨幼儿成长中的问题与解决方案，分享育儿经验。

（3）互动反馈

鼓励家长通过在线平台或家长会等形式，对幼儿健康画像提出意见和建议，促进家园共育的持续优化。

（三）案例分析：美墅幼儿园的实践探索

美墅幼儿园作为一所注重信息化建设的幼儿园，在幼儿健康画像绘制方面进行了积极探索和实践。以下将结合具体案例，分析其成功经验与启示。

1. 案例背景

美墅幼儿园位于城市中心区域，拥有先进的教学设施和专业的教师队伍。近年来，该园积极响应国家关于推进教育信息化发展的号召，将信息技术广泛应用于保育与教育之中。针对幼儿个体差异大、需求多样的特点，该园决定通过绘制幼儿健康画像，为每个幼儿提供个性化的保育与教育服务。

2. 实践过程

（1）数据收集与整合

美墅幼儿园采用智能穿戴设备、心理评估工具、智能监控摄像头等多种方式，全方位搜集幼儿在生活、学习、游戏等各个方面的数据。此外，教师还通过日常的观察记录，补充幼儿的行为举止、个性特征等资料。

（2）数据分析与评估

该园借助大数据分析和人工智能技术，对幼儿的数据进行深度挖掘和分析，形成幼儿健康画像报告。报告包括幼儿的身体健康状况、心理发展水平、社交能力评估等多个方面。

（3）个性化保育方案制订

基于幼儿健康画像报告，教师为每个幼儿制订了个性化的保育方案。例如，针对性格内向、社交能力较弱的幼儿，设计了专门的社交技能训练活动；针对身体素质较差的幼儿，制订了科学合理的饮食计划和运动方案。（见图3-1）

图3-1　美墅幼儿园心理健康训练活动

（4）家园共育

美墅幼儿园通过官方网站、微信公众号等在线平台，定期向家长发布幼儿健康画像报告，并与家长进行互动反馈。该园还定期举办家长工作坊，邀请专家和家长共同探讨幼儿成长中的问题与解决方案。

3. 成效与启示

经过一年的实践探索，美墅幼儿园在幼儿健康画像绘制方面取得了显著成效。一方面，幼儿的身心健康发展得到了有效保障，个体差异得到了充分尊重；另一方面，家园共育的实效性得到了显著提升，家长对幼儿园的保育工作给予了高度评价。

美墅幼儿园的成功实践为其他幼儿园提供了有益启示。其一，要充分利用现代信息技术手段，全面收集幼儿的多维度数据，为健康画像提供丰富依据；其二，我们要注重数据分析的准确性和科学性，确保健康画像的客观性和有效性；其三，要加强家园共育的深度融合，实现信息共享与沟通机制的畅通无阻。

（四）信息技术在幼儿健康画像中的优势

1. 数据精准性

信息技术能够实时、准确地采集幼儿的健康数据，避免传统手工记录可能出现的误差，如智能手环可以 24 小时不间断地监测幼儿的心率和运动数据，确保数据的真实性和可靠性。

2. 分析高效性

利用数据分析工具和人工智能算法，能够快速识别幼儿的健康问题和趋势，为保育方案的制定提供科学依据。如通过大数据分析预测幼儿的健康风险，我们可以提前采取干预措施。

3. 可视化与易理解性

通过图表和可视化工具展示健康数据，便于教师、保健教师和家长快速了解幼儿的健康状况，增强家园共育的效果，如通过热力图展示幼儿的活动区域分布，家长可以直观地了解幼儿在园的活动情况。

4. 动态监测与持续改进

幼儿健康画像是动态的，能够随着幼儿健康数据的更新及时调整保育方案，确保其始终符合幼儿的实际需求，如通过定期的健康监测，我们发现幼儿的健康状况有所改善，可以适当调整保育措施，确保其始终符合幼儿的实际需求。

（五）信息技术在幼儿健康画像中的挑战与应对

1. 技术设备的维护与更新

智能设备需要定期维护和更新，以确保其正常运行，如智能手环需要定期充电和校准，确保数据采集的准确性。我们安排专人负责设备的维护工作，并及时更新设备，确保其性能符合要求。

2. 数据安全与隐私保护

幼儿的健康数据涉及个人隐私，必须确保数据的安全性。我们建立了严格的数据安全管理制度，采用加密技术保护数据传输和存储过程中的安全。为了确保数据仅用于幼儿的健康管理，我们还明确了数据的使用范围和权限。

3. 教师与家长的培训与指导

教师与家长需要掌握信息技术的基本操作方法，才能更好地利用幼儿健康画像。我们定期组织培训活动，帮助教师与家长熟悉设备的使用和数据的解读，如通过培训让教师学会如何使用智能手环采集数据，让家长了解健康画像中的数据含义。

二、智能保育计划推荐

在现代化幼儿园运营中，信息技术的运用已成为提升教育质量、实现个性化保育的重要工具。智能保育计划，作为信息技术在幼儿教育中的一项创新应用，正在逐步改变我们对幼儿保育的传统认知。

（一）智能保育计划推荐的技术原理

1. 数据收集与整合

智能保育计划的基础是海量且多维度的数据收集，幼儿园通过多种渠道采集幼儿信息。①基本信息，如年龄、性别、出生日期等，这些是初步了解幼儿的基础要素；②健康数据，包括日常体温、身高、体重的定期测量记录，以及过往疾病史、过敏史等，全面掌握幼儿的身体状况；③行为表现数据，借助在园的日常观察，记录幼儿的进餐习惯（食量大小、挑食情况等）、睡眠情况（入睡时间、睡眠时长、睡眠质量等）、活动量（参与各类游戏和体育活动的频率与强度）等。而且我们利用智能设备如智能手环、智能摄像头等，实现对幼儿生理数据（如心率、呼吸频率）和行为的实时监测。这些数据通过物联网技术汇聚到统一的数据平台，进行整合与存储，为后续的分析提供丰富素材。

2. 数据分析与建模

经过预处理的数据，利用尖端的数据分析技术和机器学习模型进行深入研究。聚类分析技术将特征相似的幼儿分组，以揭示幼儿群体中的普遍规律和不同群体的差异性。关联规则挖掘技术则被用来探索数据间的隐秘联系，如探究幼儿睡眠时长与次日活动量之间是否存在关联。

在模型构建阶段，针对幼儿在不同发展领域，如身体成长、心理状态、认知能力等，开发相应的预测模型，如利用幼儿的历史身高、体重数据，通过时间序列分析模型预测其未来一段时间的生长趋势；分析幼儿情绪表现和社交行为数据，构建心理健康评估模型，评估幼儿的情绪状态和社交能力发展水平。这些模型会随着新数据的持续输入而不断改进，从而提升预测的精确度和可信度。

3. 个性化推荐生成

通过分析数据和建立模型，我们能够为每个幼儿定制一套个性化的育儿方案。这套方案会结合幼儿的独特属性、成长需求和目前的育儿环境，挑选出最适宜幼儿的育儿方法和活动计划。比如，针对那些睡眠状况不理想的幼儿，我们可能会建议改善午睡环境，减少噪音，调整光线强度，并安排一些助眠活动，如听轻音乐或阅读绘本；针对那些需要提升身体协调能力的幼儿，我们会推荐一些专门的体育活动，如走平衡木、跳绳等。这些推荐结果以简单明了的形式展现给教师与家长，以使他们能够轻松理解和实施育儿方案。

（二）智能保育计划推荐的实施流程

1. 幼儿信息初始化录入

在新入园幼儿注册时，幼儿园工作人员将幼儿的基本信息、健康档案等录入智能保育系统。家长也须配合填写详细的幼儿家庭生活习惯、性格特点等信息，确保系统对幼儿有全面的初始了解。例如，家长提供幼儿在家中的饮食习惯，是否有听睡前故事的习惯，以及幼儿的性格是偏内向还是外向等信息。这些信息为后续的保育计划制订提供了重要参考。

2. 日常数据监测与更新

在幼儿园的日常生活中，教师与保育员借助多种数据记录工具，不断追踪记录幼儿每天的活动状况。如教师会在每次用餐完毕后，记录下孩子们的食量和食物喜好；在午休时间，利用智能监测设备来观察孩子们的睡眠情况，包括他们何时入睡、睡眠是否被打断等，这些信息会被实时更新到数据库里。此外，保健医生会定期对孩子们进行体检，并将体检结果如血液检查、视力检查等最新健康数据输入系统，确保信息的及时更新和精确性。

3. 智能推荐生成与推送

系统按照设定的时间周期（如每周或每月），根据积累的幼儿数据进行分析处理，生成个性化的保育计划推荐。这些推荐以消息通知的形式推送给教师与家长的手机端应用程序或电脑客户端。教师和家长登录系统后，能够清晰地看到针对幼儿的具体保育建议，如建议每周增加户外活动时间2小时，以增强幼儿的体质；建议家长在家中与幼儿进行一些简单的亲子互动游戏，培养幼儿的语言表达能力等。

4. 保育计划执行与反馈

保教人员在日常的教育与保育工作中，依据方案组织适当的活动，例如引导幼儿参与特定的体育活动、开展专门的心理健康教育等。家长则在家中协助完成指定任务，如改善幼儿的饮食习惯、设定规律的作息时间。在执行方案的同时，保教人员和家长需及时记录幼儿的反应与进展，并通过系统向幼儿园提供反馈。例如，保教人员观察到依据推荐方案增加户外活动后，幼儿的食欲有所提升；家长报告在家中进行亲子互动游戏时，幼儿的语言表达表现得更加积极主动。这些反馈信息将成为系统进一步优化保育方案的关键数据。

（三）智能保育计划推荐的优势

1. 精准与个性化

智能保育计划推荐系统能够根据每个幼儿的健康数据和行为表现，自动生成高度个性化的保育计划。通过细致入微地分析幼儿的体质状况、生活习惯以及心理发展等多方面信息，系统能够确保所制订的保育方案精准契合每个幼儿的独特需求，从而实现真正的个性化保育。

2. 动态与实时性

系统能够实时监测幼儿的健康状况和行为变化，确保数据的及时更新。基于这些实时数据，系统能够动态调整保育计划，及时响应幼儿在不同阶段的具体需求。这种动态调整机制确保了保育方案始终与幼儿的实际状况保持高度一致，避免因信息滞后而导致的保育不当。

3. 高效与便捷

借助先进的信息技术手段，智能保育计划推荐系统能够迅速生成和优化保育计划，极大地提高工作效率。这一过程不仅节省教师和保健医生在制定和调整保育方案时所耗费的大量时间和精力，还使得他们能够将更多的关注和资源投入幼儿的日常保育和教育工作，从而提升整体保育质量。

4. 科学与可靠性

系统构建在坚实的科学保育理论基础之上，并结合大数据分析技术，提供经过严格验证的保育建议。通过科学的方法论和大量数据的支撑，系统能够确保所生成的保育方案既符合科学原理，又具备高度的可靠性，从而为幼儿的健康成长提供有力保障。

（四）智能保育计划的挑战与对策

智能保育计划在提升保育效率、优化教育资源方面具有明显优势，然而在实施过程中也面临着数据安全、隐私保护、教师适应新技术的能力以及数据准确性等多重挑战。

为了有效应对上述挑战，确保智能保育计划能够顺利实施并发挥预期作用，我们需要采取一系列切实可行的措施。

首先，我们必须加强数据安全管理。如我们应采用当前最为先进的数据加密技术，对幼儿的个人信息进行全面保护，确保其在传输和存储过程中的安全性；还应严格遵守国家及地方的相关法律法规，建立健全隐私保护机制，切实保障幼儿及其家庭的隐私权不受侵犯。

其次，我们也要着力提升教师的信息素养。通过组织系统化、针对性的培训和指导活动，帮助教师全面熟悉和掌握智能保育系统的各项功能和操作方法，从而提高他们对新技术的接受度和应用能力。在此过程中，我们还应注重培养教师的创新意识和实践能力，使其能够灵活运用新技术解决实际保育问题。

最后，确保数据质量是关键。为此，我们应建立一套严格且科学的数据采集和审核机制，从源头上保证数据的准确性和完整性。我们还应定期对智能保育系统进行全面的维护和更新，及时修复潜在漏洞，优化系统性能，以适应幼儿在不同成长阶段所呈现出的多样化需求。通过这些综合措施的实施，我们有信心克服智能保育计划实施过程中的各种挑战，推动其可持续发展。

三、家园共育平台

在现代幼儿园教育中，家园共育是提升幼儿教育质量的重要手段。随着信息技术的飞速发展，家园共育平台成为连接家庭与幼儿园、促进幼儿全面发展的关键工具。通过信息技术的支持，家园共育平台能够打破时空限制，实现即时沟通、资源共享和协同教育，为幼儿的健康成长提供全方位的支持。

（一）家园共育平台的功能与应用

1. 即时沟通与信息共享

（1）打破时空限制

家长会和家园联系册等传统家园交流方式，常常受到时空的限制，难以做到及时有效的沟通。借助信息技术的家园共育平台，如微信公众号、班级微信群、幼儿园网站等，家长能够随时掌握幼儿在园的状况和成长，同时教师也能迅速获得家长的反馈和意见。

（2）多样化沟通方式

家园共育平台构建了包含文字、语音、图片、视频等多种媒介形式的沟通工具体系，以满足不同家长在沟通方式和内容接收上的个性化需求与偏好。这些多样化的沟通手段让信息传递变得更加直观、生动、吸引人，有助于促进家长与教师之间的深度互动和密切交流，为幼儿的成长和教育打造一个和谐、高效的合作氛围。利用这些沟通方式，家长和教师可以更轻松地分享幼儿的学习进展、日常生活、教育心得，并共同探讨解决教育问题的方法，从而达成家园共育的目标。

2. 教育资源共享

（1）丰富教育资源

家园共育平台创建了一个全面的教育资源共享平台，提供了丰富的在线教育资源，包括各类课程资料、互动式课件以及育儿知识等。利用这个平台，家长可以轻松地获取多样化的教育素材，有效地帮助幼儿学习，解决家庭教育中的难题。这不仅能够提高家庭教育的整体水平，还能促进家长与幼儿之间的互动与交流，营造一个和谐的家庭学习环境，为幼儿的全面发展打下坚实的基础。

（2）个性化支持

通过这个教育平台，教师能了解每个幼儿的个体需求，如兴趣爱好、学习风格及成长挑战。基于这些信息，教师可为家长定制并提供个性化教育建议与多样化教育资源，涵盖学术知识学习、情感培养、社交技能提升及身心健康发展等方面。通过这种教育支持，教师与家长能紧密合作，为幼儿营造最优成长环境，促进其全面发展，为未来学习和生活奠定基础。

3. 协同教育与互动

（1）家园互动活动

此平台具备出色的组织能力，能够策划并执行结合线上线下的家庭互动活动。例如，构建虚拟家长会议平台，使家长能够实时参与讨论、分享育儿经验；推出在线亲子游戏，促进亲子间的情感沟通，让幼儿在游戏过程中学习。另外，平台定期开展家园共育的主题活动，如亲子阅读交流会、家庭教育研讨会等，旨在提高家长的参与积极性，加强家园合作，为幼儿创造一个优质的教育氛围。通过这些互动方式，平台推动了家长与幼儿园之间的积极互动，提升家长的参与感和家园合作的深度。

（2）家长教育与培训

家园共育平台不仅能够为广大家长提供丰富多样的教育理念和实用的育儿技巧等方面的培训资源，还能够通过平台系统地帮助家长不断提升自身的教育能力和水平。这样一来，家长在日常育儿过程中将更加得心应手，能够更有效地支持和辅助幼儿在各方面的学习和发展，从而为幼儿营造一个更加和谐、有益的成长环境。通过平台的助力，家长将更好地理解和掌握科学育儿的方法，进一步促进家园之间的紧密合作，共同为幼儿的全面成长奠定坚实的基础。

（二）家园共育平台的构建与实施

1. 平台选择与搭建

（1）选择合适的平台

根据幼儿园教学管理需求及家长使用通讯工具的习惯偏好，挑选家园共育平台，要符合幼儿园运作特点与家长便捷沟通需求。市面上常见且广泛使用的平台有微信公众号（官方信息发布渠道）、班级微信群（即时互动交流工具）等。这些平台各有特色，能促进家校信息传递与情感交流，助力幼儿健康成长。

（2）功能定制与优化

根据家园共育需求，定制平台功能模块，涵盖信息发布、互动交流、资源分享、家长反馈等方面。信息发布模块可传达园所通知、活动安排等重要信息；互动交流模块提供家长与教师沟通渠道，促进互动；资源共享模块实现家长与教师上传、下载教育资源，互通有无；家长反馈模块用于收集家长意见、建议，以便调整、改进教育工作。通过这些功能模块，确保平台满足家园沟通需求，促进教育合作，实现家园共育目标。

2. 内容管理与更新

（1）定期发布内容

幼儿园应定期、有计划地通过专门的信息发布平台，向家长展示幼儿在园学习进展与生活状态。具体包括各类活动现场照片、教学精彩视频片段、幼儿亲手制作的作品等。其目的是让家长及时、全面了解幼儿在园情况，以便更好地配合幼儿园教育工作，共同促进幼儿健康成长。通过该方式，家长既能看到幼儿的日常表现，又能感受到幼儿园教学活动与生活环境，增强家园信任与沟通。

（2）互动与反馈

我们积极倡导并鼓励家长充分利用在线平台与教师展开深入且频繁的互动交流，以更及时、准确地反馈幼儿在家庭环境中的学习状态、行为表现以及个性化的教育需求。教师也应当高度重视家长的每一条留言和建议，确保定期且及时地给予详尽回复。这种双向沟通机制，能有效增强家园之间的紧密联系，促进家园共育，共同为幼儿的全面发展提供有力支持。

3. 培训与指导

（1）家长培训

通过线上网络课程与线下实体培训相结合的方式，对广大家长进行平台使用培训。该培训旨在引导家长熟悉并掌握平台功能及操作方法，以提高家长使用平台的参与度与互动性。这种培训模式既能让家长更便捷地利用平台资源，又能增强家园沟通合作，为幼儿成长创造良好环境。

（2）教师指导

教师应当熟练掌握并精通教育平台的各项操作方法，确保能够高效、便捷地利用该平台进行家园之间的顺畅沟通，以及实现优质教育资源的广泛共享。此外，教师还需要密切关注并认真倾听来自家长方面的宝贵反馈与建设性建议，在此基础上，持续不断地对平台所提供的内容进行丰富和完善，对平台的功能进行优化和升级，以更好地满足教育教学的实际需求。

（三）家园共育平台面临的挑战与未来发展

家园共育平台在制订和实施个性化保育方案时也面临诸多挑战。比如，要有效保护幼儿隐私、确保数据安全，避免信息泄露风险；要保证平台信息准确、及时，让家长和教师获取最新、可靠的教育资讯；要提升家长的参与度和满意度，使其更积极地参与教育过程等。

为了有效应对这些挑战和问题，我们需要持续不断地完善和优化平台的功能与服务。例如，我们可以通过加强数据加密技术完善隐私保护措施，确保幼儿信息的安全性；建立严格的信息审核和定期更新机制，保证信息的准确性和时效性；丰富平台上的教育资源和互动形式，提供更多样化的教育内容和更便捷的互动方式，吸引家长积极参与。我们还需要保持开放的心态，不断探索和创新，将最新的教育理念、先进的技术手段融入平台的建设和运营，以满足家长和教师日益增长的教育需求。

随着信息技术的进步与教育理念的更新，我们相信，该平台能为幼儿成长发展提供更全面、高效、个性化的支持与服务，成为连接家庭与幼儿园、促进家园共育的重要纽带。

四、效果评估与调整

在幼儿园个性化保育方案的实施过程中，效果评估与调整是确保方案科学性、有效性和可持续性的关键环节。通过信息技术的支持，幼儿园能够对个性化保育方案的实施效果进行全面、客观的评估，并根据评估结果及时调整方案，以更好地满足幼儿的个体需求，促进幼儿的全面发展。

（一）效果评估的重要性

在幼儿保育体系中，效果评估扮演着至关重要的角色，是个性化保育方案实施过程中的核心环节。

评估方案的有效性是效果评估的核心价值之一。个性化保育方案的目标在于推动幼儿的健康成长和全面发展。通过精确的效果评估，可以准确地判断方案是否达到预期的保育目标。例如，通过追踪评估幼儿在身体成长、认知技能、社会情感等方面的变化，对比方案实施前后的数据，我们就能验证方案的有效性，确保为幼儿的成长提供有力的支持。

效果评估是发现和识别问题的有效工具。在个性化保育方案的实施过程中，教师和保健教师可以利用效果评估来敏锐地发现方案执行中的各种问题。无论是教学活动设计的不合理之处，还是健康护理措施的执行偏差，都能通过评估及时发现，为后续有针对性地调整和优化方案提供关键依据，进而不断改进保育工作，提高保育质量。

效果评估也是优化资源配置的重要成果体现。幼儿园的人力、物力和财力资源有限，通过对评估结果的深入分析，幼儿园能够清晰地了解资源的投入是否合理，哪些环节需要重点投入，哪些地方可以适当优化。这样就能实现资源的合理分配，确保每种资源都能发挥最大效能，提高保育工作的整体效益。

效果评估对于增强家园共育的协同性也至关重要。效果评估并非幼儿园内部的独立工作，还需要家长的深度参与和积极反馈。借助家园共育平台，家长能实时了解幼儿在园的表现与进步情况。当家长看到幼儿的成长变化，对幼儿园工作的信任度会显著提升，进而更愿意配合幼儿园开展各项保育工作，形成家园之间紧密合作的良好局面，共同为幼儿的成长保驾护航。

（二）信息技术的评估作用

1. 数据收集与分析

信息技术在数据收集与分析方面发挥着关键作用。通过电子监控系统、智能传感器等技术手段，我们可以实时收集幼儿在园内的各种活动数据，包括他们的运动量、饮食习惯、睡眠质量等。这些数据经过分析后，能够为我们提供幼儿发展的全面视图，帮助我们更准确地评估保育效果。

例如，通过智能手环监测幼儿的运动量，我们可以分析出幼儿每日的活动强度和时间分配，进而判断他们的身体发育状况是否良好。同样，通过分析幼儿的就餐数据，我们可以了解他们的饮食习惯和营养摄入情况，为调整餐饮计划提供依据。

2. 个案跟踪与记录

信息技术的发展和应用，极大地提升了我们在个案跟踪与记录方面的便捷性和高效性。通过运用专门设计的教育软件系统，我们能够为每一个幼儿构建起详尽全面的成长档案，细致入微地记录下他们在成长过程中的每一个重要节点和细微的进步表现。这些翔实的记录不仅为我们提供了全面了解幼儿身心发展状况的宝贵资料，同时也为家长提供了更为详尽、更具针对性的个性化反馈信息。

借助这种长期的跟踪记录机制，我们能够敏锐地捕捉到幼儿在各个发展阶段中显现出的特定趋势，以及可能存在的潜在问题。基于这些精准的数据分析，我们能够及时采取有效的干预措施，对教育方案进行针对性的调整和优化。这种持续性的评估与反馈模式，确保了个性化保育方案能够更加精准地契合每一个幼儿的实际成长需求，从而为他们提供更加科学、更加贴心的教育关怀。

（三）调整策略的制订

基于深入细致的信息技术评估结果，我们能够全面且有针对性地制订一系列精准的调整策略。这些策略涵盖多个方面，包括但不限于以下内容。

1. 教学方法的调整

如果在日常的教学过程中，我们观察到某些幼儿在学习特定的教学内容时表现出明显的困难，那么作为教育者，我们可以积极采取行动，充分利用现代信息技术手段来应对这一问题。例如，我们可以借助互动性强的教学软件，这类软件通常设计了丰富的多媒体元素和互动环节，能够吸引幼儿的注意力，并让他们在动手操作的过程中加深对知识的理解。此外，我们还可以利用丰富的在线教育资源，如教育平台提供的视频教程、动画演示、互动练习等，这些资源往往内容生动、形式多样，能够有效辅助传统教学。

通过巧妙运用信息技术手段，教师能有针对性地优化教学方法，让幼儿在玩耍中轻松掌握知识，感受学习的快乐，从而更加积极主动地参与学习。在这样的学习氛围里，幼儿不仅能学到知识，还能培养观察力、反应力和团队协作能力，为他们未来的成长和发展积累宝贵的经验。

2. 活动安排的优化

在幼儿教育口，深入分析幼儿在园内参与活动的数据，是优化教育活动、促进幼儿发展的关键。借助先进的数据收集工具和科学的分析方法，我们对幼儿参与各类活动的时长、频次、表情及互动情况等进行细致入微的分析。

通过这些数据，我们能精准洞察幼儿的喜好。比如，发现幼儿在创意手工活动中停留时间长、参与热情高，便可知这类活动深受喜爱；而在复杂的数学逻辑活动中参与度低、注意力分散，就说明可能存在内容单一或难度过高的问题。

基于这些翔实的数据分析结果，我们可以有针对性地优化园内活动安排。对于受欢迎的活动，增加开展频次、丰富活动内容；对于不受欢迎的活动，降低难度或更换形式，融入更多趣味性元素，确保每一个幼儿都能在符合自身兴趣和能力的活动中获得优质的学习体验和合适的成长发展机会。这不仅能极大提升幼儿参与活动的积极性和主动性，激发他们的探索欲，还能从认知、社交、情感等多方面有效促进其全面发展。

3. 家园沟通的加强

信息技术的发展为家园之间的沟通带来了前所未有的便利和多样性。借助现代通信工具，如即时通信软件和在线教育平台等多样化的手段，家长与教师之间的交流不再受时间和空间的限制，变得更加频繁和深入。通过这些高效的沟通渠道，我们能够与家长保持密切的联系，实时分享幼儿在园的学习和生活情况，共同关注和探讨每个幼儿的成长轨迹和发展需求。这种紧密的沟通机制也使得我们能够根据幼儿的实际情况和家长的反馈，及时且有针对性地调整和优化保育方案，确保每个幼儿都能得到适宜的教育和关怀，从而促进他们的全面发展。

（四）持续改进与迭代

个性化保育方案的制订和实施是一个持续且动态变化的过程。随着幼儿年龄的不断增长以及周围生活环境的持续变化，他们的身心需求和兴趣爱好也会随之发生显著的改变。所以，为了确保保育方案的有效性和针对性，我们需要定期利用现代信息技术对幼儿的整体发展状况进行全面而细致的评估。根据评估所获得的翔实数据和信息，我们应及时对现有的保育方案进行科学合理的调整和优化。

在实际操作中，我们可以充分利用大数据和人工智能等前沿技术，对幼儿在幼儿园内的各项行为数据进行深入分析和精准预测。通过这种方式，我们能够提前发现幼儿在成长过程中可能存在的潜在问题，并据此制订切实可行的干预措施。这种基于数据驱动的保育方式，不仅能够显著提升保育工作的整体质量，还能让我们更加深入地了解每个幼儿的独特需求和发展轨迹，从而为他们提供更加个性化、科学化的保育服务。

第四章
链接家园社的保育保健之力

在幼儿保育保健工作中,家园社合作至关重要。家庭是幼儿成长的第一环境,家长的教育理念和方式直接影响幼儿的成长;社区蕴含丰富的资源,能为幼儿提供多元的学习体验;幼儿园作为专业教育场所,起着引领和整合的关键作用。

当前,幼儿健康成长面临诸如膳食营养失衡、电子产品过度使用等挑战,这对家园社三方协同机制的构建提出了新要求。本章探讨如何整合家园社的保育保健资源,包括全天候营养膳食计划、家庭健康指导、育儿支持、社区资源整合利用,以及合作机制构建。分享实践经验和创新举措,剖析成功案例,为幼儿园保育保健工作提供新思路,形成教育合力,共同为幼儿营造科学、健康的成长环境,助力幼儿健康成长、全面发展。

第一节　全天候营养膳食计划的实施与家庭延伸

在幼儿身心发展的关键阶段，合理营养的膳食对幼儿健康成长至关重要。幼儿园是学前教育的关键场所，对幼儿负有引导良好饮食习惯和确保充足营养的重任。因此，我们设计了全天候营养膳食计划，并扩展至家庭，通过家园共育，为幼儿创造科学、健康的饮食环境。

一、科学膳食设计

幼儿园的全天候营养膳食计划以科学膳食设计为中心，这不仅关系到幼儿在园内的饮食健康，也是家庭营养教育扩展的关键基础。科学膳食设计必须综合幼儿的年龄特征、成长需求、营养学原则和季节变化等众多因素，确保幼儿能够得到均衡、全面、恰当的营养补给。

（一）膳食设计的原则

1. 科学合理的原则

科学膳食设计需要我们考虑幼儿的年龄和生长需求。不同年龄的幼儿营养需求不同，食谱应根据需求合理安排，保证营养摄入适量。小班幼儿对主要营养素需求较低，中大班需求会增加。

膳食设计还应关注食材搭配。多种营养素间有相互作用，如维生素 C 助铁吸收，维生素 D 促进钙吸收，膳食纤维改善肠道蠕动等。设计食谱时我们要注重搭配，提升营养素利用。

2. 多元均衡的原则

幼儿膳食设计应保证营养素多样化。谷薯、蔬果、畜禽鱼蛋奶、大豆坚果和油脂五大类食物能够提供不同营养素，如谷薯类提供碳水化合物和 B 族维生素，蔬果类富含维生素 C、膳食纤维和矿物质。

食谱设计应注重食物多样性和均衡性，确保幼儿营养全面均衡。

如主食可交替安排米饭、面条、馒头等；菜肴方面，可安排肉类、鱼类、蛋类、豆制品及多种蔬果。

3. 全面兼顾的原则

膳食规划需全面考虑，覆盖所有幼儿的同时要特别留意个别幼儿的特定需求。每个幼儿的饮食偏好和健康状况各不相同，在制定食谱时，必须把这些差异纳入考量，确保每个幼儿都能得到恰当的营养。

针对有特殊体质或慢性疾病的幼儿，比如患有缺铁性贫血、营养不良、单纯性肥胖或食物过敏等，我们要依据他们的具体情况制订饮食计划；针对缺铁性贫血的幼儿，我们在食谱中增加富含血红素铁的食物，如动物肝脏、瘦肉等；针对营养不良的幼儿，则需增加蛋白质和热量高的食物，比如豆制品、鸡蛋和牛肉等。

4. 量入为出的原则

幼儿园的膳食规划需要量入而出，依据园所实际状况和资源条件来合理制定。在编制菜单时我们必须全面考量食材的采购途径、烹饪环境、员工配置等因素，确保菜单的可行性和长期性。

除此以外，我们还应重视食材的性价比与环保特性。通过恰当挑选食材和烹饪方式，平衡膳食收支并避免浪费。如选用当地当季食材，这些食材不仅成本较低，而且更加新鲜；在烹饪技术上，可采用简单且营养保留较好的方法，比如蒸、炖等。

（二）膳食设计的要素

1. 应季

膳食的季节性规划需重视挑选时令果蔬。各个季节的食材拥有其独特的营养成分和风味特色。比如，春季盛产青椒、彩椒、洋葱等蔬菜和草莓、樱桃等水果，这些食物含有丰富的维生素 C 和矿物质；夏季则是冬瓜、番茄等蔬菜以及西瓜、荔枝等水果的丰收时节，这些食材有助于消暑降温。

在制定食谱时，我们应当依据季节的更迭来恰当挑选食材。这样做不仅能够保证食材的鲜美和营养价值，还能增进幼儿的食欲。

2. 定量

定量的膳食设计要求我们确保幼儿能够获得适宜的营养素摄入。在制定食谱时，我们应根据不同年龄段幼儿的需求进行合理定量。如在主食方面，小班幼儿每天应摄入50—55克大米（生米量），中班幼儿为60—65克，大班幼儿为65—70克；在菜肴方面，则可以根据荤素搭配的原则进行定量，如一两荤（50克）、二两素（100克）等。

在制订定量膳食计划时，我们必须重视食材的可食用部分。由于各种食材的可食用部分各不相同，例如黄鳝的可食用部分较少，因此在进行定量计算时，这一点需要被纳入考量。

3. 搭配

膳食搭配要重视食物间的相互影响和营养的互补性。合理组合各类食物，有助于提升营养成分的生物利用效率和整体的营养价值。比如，在主食的选择上，我们可以轮换食用米饭、面条等，以获取多样化的碳水化合物；在菜肴选择上，我们将肉类、鱼类、蛋类、豆制品以及各类蔬菜和水果进行搭配，确保幼儿摄入充足的蛋白质、维生素和矿物质等营养成分。

在设计膳食时，我们也要重视食物的色彩、香气、味道和外观。通过恰当选择食材和烹饪技巧，烹制出色泽诱人、味道鲜美、形态美观的佳肴，增进幼儿的食量，激发幼儿对食物的兴趣。

4. 禁忌

在设计幼儿的膳食时，我们要特别留意避免使用不适合他们食用的食材和烹饪手段。例如，我们要避免食用小水产、隔夜菜、已切改的菜品、生拌的蔬菜以及外卖食品。除此之外，我们还要避免食用带核的水果和整粒的坚果。当然我们也要考虑到幼儿的年龄和生长发育的特殊性，托儿所小班提供的食物应当是无骨无刺的。

禁忌的膳食设计还要求我们注重食物间的禁忌搭配。如胡萝卜不宜与白萝卜同食，因为两者同食会破坏白萝卜中的维生素 C；豆腐不宜与菠菜同食，因为菠菜中的草酸会影响豆腐中钙的吸收等。

5. 烹饪

我们要选择适宜幼儿的烹饪方法和口味特点。如在烹饪方法方面，我们可以选择蒸、煮、炖、煨等简单易行且营养损失较少的方法；在口味方面，则要注重清淡爽口、色香味形俱佳等。

在烹饪过程中，我们要重视食材的搭配以及烹饪技巧的恰当运用。通过食材的合理组合和烹饪技巧的巧妙应用，我们能够烹制出美味且营养的佳肴，从而增进幼儿的食欲。

（三）膳食设计的要求

1. 食谱制定需两周不同样

食谱的编排应确保两周内不重复以保证幼儿摄取到各种营养素。这表示在两周的时间里，我们需采用不同的食材和烹调方式来准备各式各样的美食。比如，在第一周我们准备了红烧肉和清蒸鱼等菜品，那么在第二周，我们可以选择制作糖醋排骨和炒虾仁等不同的佳肴。

2. 每周至少一天有面食

面食是幼儿膳食中的重要组成部分之一，它不仅可以提供丰富的碳水化合物和 B 族维生素等营养素，还可以培养幼儿的咀嚼能力和饮食习惯。所以，在食谱制定中我们应确保每周至少有一天安排面食类菜肴或主食。

3. 每天食谱中都要有绿叶蔬菜

绿叶蔬菜富含维生素 C、膳食纤维和矿物质等营养素，对幼儿的生长发育具有重要作用。所以，我们在食谱制定中应确保每天都有绿叶蔬菜的安排。为了确保幼儿能够获得多样化的营养素来源和满足其口味偏好，每月的绿色蔬菜总量与浅色蔬菜量比为 2∶1，禽肉类与鱼虾类比例最好保持 3∶4。

4. 在食谱安排中建议每日每餐的食材品种大于 10 种

为了确保幼儿能够获得全面均衡的营养素摄入，避免单一食材导致的营养失衡问题，我们在食谱安排中建议每日每餐的食材品种大于 10 种。例如，我们可以安排米饭作为午餐主食，红烧肉作为荤菜，清炒菠菜作为素菜，豆腐汤作为汤品等。

在食谱制定中我们还应考虑每月食材品种达到 180 种以上等要求，以确保幼儿能够获得多样化的营养素来源，满足其口味偏好，以及应对季节性变化等因素带来的食材选择受限的问题。

5. 每周至少安排一次黑色食物

黑色食物如黑木耳、黑芝麻等富含铁质和其他矿物质等营养素，对幼儿的生长发育具有重要作用。在制定食谱时，我们应确保每周至少安排一次黑色食物的摄入。

6. 兼顾体弱幼儿的特殊菜肴

在幼儿园里，部分幼儿可能存在体弱多病或患有慢性疾病等问题，导致其对营养素的需求存在特殊性。在制定食谱时，我们应充分考虑这些因素并兼顾体弱幼儿的特殊菜肴需求。如单纯性肥胖的幼儿，可以适当减少高热量食物的摄入，并增加蔬菜和水果等低热量食物的摄入比例等。

二、家庭膳食指导

家庭是幼儿日常活动的主要空间，所以家庭饮食结构和习惯直接关乎幼儿的营养摄取质量和健康状况。基于此，我们在开展全天候营养饮食计划时，不仅要重视园内饮食的科学规划，还应将饮食指导扩展到家庭中来，通过家园合作的方式，共同为幼儿创造一个健康、均衡的饮食环境。

（一）家庭膳食指导的重要性

家庭膳食是幼儿日常营养的主要来源之一，其质量直接关系到幼儿的生长发育和健康状况。幼儿正处于身体和智力发展的关键时期，对营养的需求较为特殊，需要摄入足够的蛋白质、碳水化合物、脂肪、维生素和矿物质等营养素，以满足生长发育的需求。然而，许多家庭在膳食搭配上存在不合理之处，如食物种类单一、营养不均衡、烹饪方式不科学等，这些问题可能导致幼儿出现营养不良、肥胖、免疫力低下等健康问题。所以我们有责任和义务对家长进行家庭膳食指导，帮助家长树立科学的营养观念，掌握合理的膳食搭配方法，从而提升家庭膳食质量，促进幼儿的健康成长。

（二）家庭膳食指导的具体内容

1. 膳食定量指导

根据幼儿的年龄、性别、体重、身高和活动水平等因素，我们要合理设定幼儿每天各种食物的摄取量，这就是膳食定量。家长应当掌握幼儿在不同成长阶段的营养所需，确保幼儿可以获得充足的能量和营养，同时防止因食物摄入过多而引起肥胖等健康问题。我们可以定期举行家长教育讲座、分发健康饮食资料等，普及膳食定量的相关知识，协助家长学会如何正确地进行食物定量。

2. 膳食质量指导

食物的品质和烹饪方法对膳食质量有着重要影响。家长需挑选新鲜、高品质的食材，避免使用变质、过期或含有添加剂的食品。在烹饪时，我们推荐采用清蒸、煮、炖、烤等健康的烹饪方式，减少油炸和油煎等高脂肪、高热量的烹饪方法，从而降低幼儿摄入过量油脂和盐分的可能性。家长也要注重食物的多样性，确保幼儿摄取均衡的营养。例如，我们可以将蔬菜、肉类、豆类、水果等不同食材合理搭配，制作营养丰富的餐点，这样既满足幼儿的口味，又能保证营养的平衡。

3. 膳食搭配指导

为了确保幼儿营养均衡，家长需科学搭配不同食物，实现营养素互补。例如，谷物提供能量，蔬果增强免疫力，肉类和豆类富含蛋白质。家长在日常饮食中要注意荤素、粗细、干湿搭配，避免让幼儿长期食用单一食物。如粗细粮搭配可增加膳食纤维，提高营养价值；主食中加入蔬菜或豆类，可制作营养丰富的杂粮饭或蔬菜馒头。

4. 膳食替代指导

幼儿生病、过敏或有特殊营养需求时，家长应调整膳食。当幼儿过敏时，我们要避免幼儿食用特定食物，可以用营养相似的食物替代。例如，牛奶过敏的可用豆浆替代，海鲜过敏的可增加肉类和豆类摄入。肥胖幼儿要减少高热量、高脂肪食物，多吃蔬菜水果；消瘦幼儿则需增加优质蛋白质和碳水化合物的摄入。

5. 营养素养指导

家长的营养知识对家庭饮食和幼儿饮食习惯也有直接影响。我们可以加强家长的营养教育，为家长提供营养知识和膳食搭配技巧，提升家长对营养健康的认知。通过家长学校、营养讲座、亲子烹饪等活动传授知识，我们会引导家长关注幼儿营养需求，培养幼儿的良好饮食习惯。我们也会利用微信公众号、家长群等推送营养小贴士和健康食谱，帮助家长运用营养知识提高家庭膳食质量。

6. 膳食跟踪与反馈

（1）膳食记录与分析

在全方位促进幼儿健康成长的道路上，家庭膳食指导扮演着举足轻重的角色。为确保幼儿获得均衡全面的营养，家庭膳食的记录与分析是不可或缺的一环。

其一，我们要指导家长采用科学有效的记录方式，如用24小时膳食回顾法或食物称重法来详细记录幼儿每天的饮食情况。这些记录应涵盖食物的名称、具体的摄入量以及烹饪方法，确保信息的全面性和准确性。通过这样的记录，家长可以直观地了解幼儿的饮食习惯和日常的营养摄入状况，为后续的膳食调整提供坚实的数据基础。

其二，我们也要对家长记录的饮食情况进行深入分析。利用专业的营养分析软件等工具，对幼儿的膳食结构、各类营养素的摄入量进行细致统计和全面评估。在这一过程中，我们能够清晰地识别出幼儿膳食中存在的问题，比如某些营养素的摄入过剩或不足。针对这些问题，我们提出具体的改进建议，帮助家长科学合理地调整膳食，确保幼儿获得全面均衡的营养支持。这样的分析不仅有助于优化幼儿的饮食结构，还能促进家长营养素养的提升，为幼儿的健康成长保驾护航。

（2）膳食反馈与指导

确保幼儿饮食平衡的关键在于反馈和指导。我们需要定时向家长报告幼儿饮食状况，通过家长会、微信群、个别交流等多种途径来保证信息的全面传达。这样家长才能清晰了解幼儿的饮食结构是否均衡，营养是否充分以及饮食习惯是否健康。及时的反馈提醒家长依据实际情况调整幼儿的饮食计划，为幼儿提供更符合其成长需求的食品。

个性化指导则是根据每个幼儿的独特情况展开。对于饮食不均衡的幼儿，我们会指导家长丰富膳食结构，增加食物的种类，如引入更多的蔬菜、水果、全谷物等。对于挑食、偏食的幼儿，家长可采用巧妙的方法，如将不喜欢的食物与喜欢的食物搭配烹饪，或者通过讲故事、做游戏等形式引导幼儿尝试新食物。通过个性化的指导，我们可以帮助幼儿养成健康的饮食习惯。

7. 家庭膳食文化建设

（1）饮食文化教育

我们要向家长阐述中国饮食文化的深层含义及其特色，包括食物与季节、天气、地区之间的联系，以及食物与健康之间的联系，以此让家长认识到饮食文化的价值，提升家长对幼儿饮食教育的关注。

我们会探索中华传统文化中的饮食习惯，例如，春节吃饺子、元宵节吃汤圆以及中秋节吃月饼等。通过这些活动，我们让家长和幼儿共同体验节日的饮食文化，领略传统习俗的风采。

（2）家庭饮食环境营造

我们要重视幼儿在餐桌上的行为规范，包括恰当的坐姿、餐具的正确使用方式以及用餐过程中的礼貌表达。家长也要利用日常生活中的各种小细节，培养幼儿的餐桌礼仪。

为了让幼儿在轻松愉快的氛围中用餐，我们还要创造一个愉悦的家庭用餐环境。家长可以和幼儿一同动手准备餐点、烹制佳肴，让幼儿参与到备餐的过程中，提升幼儿对食物的兴趣和热情。

（三）家庭膳食指导的效果

通过家庭膳食指导的实践与探索，我们取得了显著的效果。家长的营养素养和膳食管理能力得到提高，幼儿的膳食质量和健康状况得到改善。

1. 家长营养素养的提高

家庭饮食指导可以让家长的营养知识水平明显提升。他们逐渐形成正确的营养理念，学会了如何科学搭配食物和补充营养素。家长开始重视食材的新鲜与安全，精心挑选食品种类和来源，并采用有益健康的烹饪方法来准备餐食。他们也开始关注幼儿的口味与喜好，努力在满足幼儿营养需求的同时，兼顾其口味偏好。

2. 幼儿膳食质量的改善

我们发现借助家庭饮食指导，幼儿的饮食结构变得更科学，营养成分的摄取也更加均衡。他们逐渐培养出定时定量、细嚼慢咽、不挑食等健康饮食习惯。幼儿的身高和体重等成长指标也有了显著的提升，健康水平也相应提高。

3. 家园共育氛围的形成

借助家庭饮食指导，幼儿园与家长之间的联系更加紧密，共同关注幼儿的饮食健康。家园共育的氛围得到进一步加强，家长积极参与幼儿园活动和课程，与幼儿园携手促进幼儿的健康成长。家长也开始向其他家庭分享自己的饮食经验和做法，形成积极的示范效应。

三、膳食效吴评估

在幼儿园实施全天候营养膳食计划并向家庭延伸的过程中，膳食效果评估起着至关重要的作用。它不仅能够衡量膳食计划的科学性和有效性，还能为后续的调整和优化提供依据，从而更好地保障幼儿的健康成长。

（一）评估目标

1. 全面了解幼儿的营养摄入情况

我们利用科学和系统的评估手段，精确了解幼儿在幼儿园和家庭中的营养摄取情况，确保他们的日常饮食不仅满足生长发育的基本需求，而且为他们的健康成长提供充分的营养保障。

2. 评估膳食结构的合理性

我们仔细研究幼儿的饮食搭配是否合理，营养是否平衡，是否面临营养过剩或缺乏的状况，以便为幼儿园改善和优化饮食结构提供科学、可信的参考，确保幼儿能够得到完整、均衡的营养。

3. 了解家长的满意度

为了全面了解家长对幼儿园膳食管理的整体评价和具体建议，我们收集和分析他们的反馈意见，以便幼儿园能够根据家长的合理需求，进一步改进和优化膳食服务，提升家长对幼儿园膳食管理的信任和满意度。

4. 监测幼儿的健康指标

通过定期、系统的健康检查，我们全面评估膳食计划对幼儿身体健康的积极影响，重点关注幼儿的体重、身高、血红蛋白等关键健康指标的变化情况，确保膳食计划能够有效促进幼儿的健康成长。

（二）评估方法

1. 问卷调查法

我们制作了"幼儿家长问卷星评估"调查表，并通过微信等网络平台向家长进行发放。调查内容详尽，包括对每日三餐的满意度评价、食物搭配是否营养均衡，以及餐食口味是否符合幼儿偏好等多个方面。调查结果表明家长对膳食整体的满意度较高，大部分反馈为"非常满意"或"满意"；在食物搭配的营养均衡性方面，家长普遍认为幼儿园的食物搭配"非常均衡"，能够满足幼儿的营养需求。这些反馈信息为我们掌握家长和幼儿对膳食服务的满意度提供了关键参考。

表 4-1　幼儿家长问卷星评估

学号	班级	蔬菜/肉类新鲜度	营养均衡	菜品口味	意见
1	中大班	非常满意	非常均衡	非常符合	很好，无意见
2	中大班	满意	较为均衡	一般	无
3	中大班	非常满意	非常均衡	非常符合	无
4	中大班	非常满意	非常均衡	非常符合	没有
5	托小班	满意	较为均衡	一般	早点、水果的种类更丰富一些
6	中大班	非常满意	非常均衡	非常符合	没有了，蛮好的，孩子很爱吃
7	中大班	非常满意	非常均衡	非常符合	希望菜品品种丰富些，营养均衡
8	中大班	非常满意	非常均衡	比较符合	继续保持
9	中大班	非常满意	非常均衡	非常符合	对胃口大的小朋友可以增加每餐的分量
10	托小班	非常满意	非常均衡	比较符合	营养更加均衡
11	中大班	非常满意	非常均衡	非常符合	暂无
12	中大班	非常满意	非常均衡	非常符合	暂无
13	中大班	非常满意	非常均衡	非常符合	无
14	托小班	非常满意	非常均衡	非常符合	无
15	托小班	非常满意	非常均衡	非常符合	无

我们也通过问卷广泛收集了家长对膳食管理的具体意见和建议。例如，有家长希望不断丰富、更新饭菜品种，激发幼儿的吃饭兴趣，让他们更期待餐点时间；还有家长指出部分食品在安全方面需特别注意，像带尖刺或易导致吞咽困难的食物，应尽量避免或适当处理。这些意见和建议为我们后续膳食调整改进工作提供了宝贵的参考指导，有助于提升幼儿园膳食服务质量，更好地满足家长和幼儿的需求。

2. 膳食记录与分析法

为了精确评估幼儿日常营养摄入，我们指导家长运用 24 小时膳食回顾法或食物称重法等科学方法，记录幼儿每日饮食详情。记录时，家长需详尽记录食物名称、摄入量及烹饪方式等信息。通过系统收集和分析这些膳食记录数据，我们能全面掌握幼儿膳食结构和营养素摄入情况，为膳食调整提供科学依据。

在操作中，我们发现幼儿膳食结构存在一些问题。有的幼儿偏爱肉类，导致蔬菜摄入不足；有的则偏爱甜食，主食摄入过多。针对这些问题，我们及时与家长沟通，并根据幼儿具体情况，提出膳食调整建议。

3. 体格检查法

除了通过问卷调查和膳食记录分析这两种常规手段外，我们还特别引入了体格检查法，以全面评估幼儿的营养状态。为了保证评估的精确度和完整性，我们定期对幼儿进行一系列详尽的体格检查，涵盖身高、体重、BMI（身体质量指数）等核心营养指标的测定。这些测定结果不仅会被仔细记录下来，还会与同龄儿童的平均数据进行深入的对比分析。通过这种综合性的体格检查，我们能够清晰地掌握每个幼儿的生长发育状况，并及时识别出是否存在营养过剩或营养不足的问题。一旦发现任何异常，我们会迅速采取相应措施，调整方案。

（三）评估结果与应用

在对幼儿园膳食效果的全面评估中，我们发现了一系列问题，如幼儿偏食导致营养摄入不均衡,家长对膳食有多方面改进建议,等等。针对这些问题,我们迅速组织研究并实施改进措施。

在调整幼儿饮食结构时,仔细考虑幼儿的偏好和成长所需。我们扩大蔬菜的品种和食用量,确保幼儿能够吸收足够的维生素和矿物质;降低甜品和主食的比重,防止过多的糖分和碳水化合物带来的负面影响。我们还会根据季节的更迭,推出各种新的食材选择,从而提高幼儿的食欲。

在膳食口味改进上,我们广泛听取家长意见,对膳食口味和烹饪方式进行了全面调整。我们采用更健康的烹饪方法,减少油和盐的使用的同时,也力求美味与营养并重。所以,我们推出多种健康新颖的菜品,丰富了幼儿的膳食选择,获得了家长和幼儿的好评。

在营养素摄入管理上,我们加强对幼儿日常膳食记录的收集与分析,精准掌握幼儿营养素摄入状况。而对于存在问题的幼儿,我们会及时与家长沟通,制定个忹化膳食调整方案。

我们增强与家长之间的交流与协作,通过定期举行家长会、分发家园联络手册等手段,向家长传播科学的营养知识,增进他们的营养意识。我们也鼓励家长参与幼儿园膳食管理,贡献他们的意见和建议。

第二节　家庭健康指导与育儿支持

家庭是幼儿成长的基础，其健康观念与育儿方式对幼儿身心发展至关重要。本节将深入家庭健康指导与育儿支持的关键领域，探讨健康知识普及、个性化育儿咨询、家庭访问与指导等议题。通过理论阐述与实践案例分析，为家长提供科学实用的育儿策略，助力家长理解幼儿成长需求，营造健康和谐的家庭教育环境。我们也分享幼儿园在这方面的经验与创新举措，为家园共育提供参考借鉴，共同守护幼儿未来。

一、健康知识普及

家庭作为幼儿生活的主要场所，承担着重要的健康教育和引导责任。幼儿园作为幼儿学前教育的重要场所，有责任和义务通过家庭健康指导与育儿支持，帮助家长树立科学的健康观念，掌握正确的育儿方法，从而为幼儿营造一个健康、科学的成长环境。

（一）精准指导，共促成长

幼儿园健康知识普及的关键之一在于精确指导。每个孩子的健康需求各不相同，在进行健康教育活动时，我们坚持个性化教学，注重根据每一个孩子的健康状况、日常习惯以及成长背景等因素，制订专属的健康指导计划。通过这种周到的精确指导，我们致力于保证每个孩子都能在适宜自己的路径上健康成长，进而整体提高幼儿园健康教育的质量。

对于幼儿的健康成长，科学合理的饮食安排是非常重要的。针对园中体弱的幼儿，我们定期举行营养膳食家长交流会，细致探讨幼儿的营养需求，并向家长提供定制化的饮食指导。

175

营养不良由多种因素导致，如喂养不当、偏食、先天性因素、疾病等，会影响幼儿正常发育，出现发育迟缓、身材矮小等症状，甚至引发多种并发症。为帮助家长解决该问题，我们邀请营养师和医生，根据幼儿的具体情况制定营养改善方案。我们会建议家长遵循少食多餐的原则，选择细软易消化的主食，适当增加碳水化合物的摄入，搭配杂粮，如玉米、燕麦等。禽肉、鱼虾等富含优质蛋白质的食物要适量，避免加重肠胃负担，以及多让幼儿吃新鲜水果和蔬菜，补充维生素、矿物质和膳食纤维。对于缺铁性贫血的幼儿，建议优先选择血红素铁食物；对于消化功能弱的幼儿，我们推荐健脾益胃食物。

我们还为家长提供烹饪技巧和搭配建议，制作营养丰富、美味可口的食物，提高幼儿的食欲。鼓励家长以身作则，培养幼儿良好的饮食习惯，营造健康的饮食氛围。

（二）科学规划，滋养成长

根据幼儿的身体和心理成长的规律以及不同阶段的特点，我们精心设计了健康教育内容的方案，目的是协助家长逐步掌握有关幼儿健康成长的知识。这个方案能够帮助家长建立更全面的健康理念，更深入地理解幼儿成长过程中的生理和心理需求，并在实际操作中给予指导，推动幼儿身心的全面成长。

以健康饮食为例，我们细心规划并定期向家长提供全天候营养膳食食谱。食谱包括早餐、午餐、晚餐以及加餐，全面顾及幼儿的营养需求和口味偏好。

我们建议的早餐方案要有蛋白质、碳水化合物以及维生素的均衡摄入。以周一为例，早餐包括营养丰富的荠菜肉包，富含膳食纤维和钙质的燕麦牛奶，含有高质量蛋白质的鹌鹑蛋，富含维生素 C 的草莓，以及含有不饱和脂肪酸和矿物质的坚果。这样的搭配能为幼儿提供一个充满活力的早晨。

午餐和晚餐的菜单都十分丰富。午餐我们注重荤素均衡，确保幼儿摄取足够的蛋白质、脂肪、碳水化合物以及各种维生素和矿物质。例如周三的本帮酱汁鲈鱼卷，鲈鱼含有丰富的优质蛋白质和不饱和脂肪酸，对幼儿的脑部和视力发展有益；搭配的黄椒、胡萝卜等蔬菜能提供丰富的维生素和膳食纤维。晚餐则相对简单易消化，如周五的椒盐排条、千张蕨菜丝和白菜魔芋汤，既满足幼儿的营养需求，又不会给肠胃带来过重负担。

我们不仅提供正餐建议，还推荐适合的加餐方案，例如水果、酸奶和小零食等，帮助幼儿补充所需能量，保持血糖水平均衡。在提供食谱建议时，我们会深入阐释每种食物的营养成分及其对幼儿成长发育的积极作用，确保家长掌握饮食搭配的科学知识，从而能够根据幼儿的具体需求做出适当的调整。

（三）多元渠道，强化意识

定期举行健康教育活动，是我们推广健康信息、增强大众健康意识的关键手段之一。为了保证健康信息的高效传播，我们通过多种途径和方式，例如组织内容多样的健康教育讲座，邀请专家进行讲解；分发内容丰富的宣传材料，便于家长学习查阅；同时运用现代信息技术进行线上健康教育交流，通过众多平台传播全面的健康信息。这些信息包括常见疾病的预防和处理、营养饮食的建议、儿童视力的保护等多个方面，旨在为家长提供全面的健康指导，帮助他们更好地照顾幼儿的健康成长。

在常见的传染疾病中，流感是由病毒引起的传染病，幼儿易感。所以我们向家长介绍流感的传播途径，包括飞沫、接触和气溶胶传播。症状有发热、疼痛、干咳等，比普通感冒严重且持续时间久。预防流感，关键是接种疫苗和保持良好的卫生习惯，如勤洗手、咳嗽遮掩口鼻、保持环境清洁、保持健康生活方式等。幼儿感染流感，应立即就医，遵医嘱治疗，多休息，多喝水，采取缓解措施。

视力保护是健康宣教的核心。我们向家长介绍弱视知识，弱视是视觉发育期内因斜视、屈光参差、高度屈光不正或形觉剥夺导致的单眼/双眼最佳矫正视力低于年龄标准（3—5岁＜0.5，6岁及以上＜0.7）的视力障碍，患病率2%—4%。主要病因包括斜视性、屈光参差性、屈光不正性、形觉剥夺性，表现为视力低下、双眼功能异常等。治疗的关键在于早发现、早治疗，3—6岁是治疗黄金期。家长应定期检查幼儿视力，发现异常及时就医。治疗中家长也需配合医生，督促幼儿戴眼镜、训练和定期复诊。

二、个性化育儿咨询

当前，儿童养育早已突破传统物质供给的单一维度，演变为涵盖生理发育和心理成长的系统性培育过程。家庭是孩子成长的首要环境，父母则承担着孩子的启蒙导师的职责。为家长提供定制化的育儿指导，协助他们更深入地了解幼儿的成长需求，成为幼儿园教育任务拓展与深化的重要方向。

（一）个性化育儿咨询的必要性

每个幼儿都是不可复制的个体，他们拥有各自独特的性格特质、兴趣爱好、学习能力和成长发展的节奏。正因如此，育儿绝不能采取"一刀切"的单一模式，而应该根据每个幼儿的具体情况，量身定制，提供个性化的指导和教育。

在幼儿园的日常教学与管理活动中，我们常常注意到众多家长在养育子女时遭遇诸多难题与挑战。例如，怎样有效地引导幼儿养成良好的饮食习惯，使他们既能品味美食又能维持健康？怎样合理地处理幼儿成长中出现的行为问题，既不纵容也不过于严厉？怎样在假期合理规划幼儿的作息，确保他们获得充足休息的同时，也能高效利用时间参与有益的活动？解决这些问题并非一朝一夕之事，需要我们深入了解每个幼儿的个性差异，实施个性化教育，提供有目的的指导和支持。

（二）个性化育儿咨询的实施策略

1. 假期饮食管理

假期是幼儿饮食习惯容易出现偏差的时期。许多家长反映，幼儿在假期中作息不规律，饮食无节制，导致假期结束后出现肠胃不适、肥胖等问题。针对这一现象，我们可以为家长提供假期饮食管理的个性化咨询。

（1）制订假期饮食计划

幼儿园可以建议家长根据幼儿的年龄、身体状况和活动量制订合理的假期饮食计划。例如，对于3—6岁的幼儿，每日的主食摄入量应控制在100—180克（4岁后增至150克），肉类和水产控制在70—90克，蛋类50—60克，豆制品25—50克，坚果≤5克（碾碎后食用）。家长可以根据这些推荐量，结合孩子的喜好，制订每日的饮食菜单。

（2）培养良好的饮食习惯

假期中，家长应尽量保持与幼儿园一致的用餐时间，例如早餐7：00—7：30，早点9：00，午餐11：00，午点15：00，晚餐17：00—17：30。我们也要避免幼儿暴饮暴食，减少零食的摄入。家长可以引导幼儿细嚼慢咽，每次咀嚼至少10次，以减轻肠胃负担。

（3）选择健康食材

假期饮食应以清淡、营养均衡为主，多搭配谷类、蔬菜和水果。如山楂富含多种有机酸，有助于分解脂肪，缓解油腻；冬瓜具有清热祛暑、利尿消肿的功效，适合在夏季食用；梨子水分多，富含纤维，适合秋季干燥的天气。家长可以根据季节选择合适的健康食材，为孩子制作营养丰富的餐食。

2. 24小时膳食跟踪

为了能够更加精准和全面地了解幼儿的日常饮食状况，幼儿园可以积极组织并开展一项为期24小时的膳食跟踪活动。在这一活动中，我们细致入微地记录每个孩子在一天24小时内的所有饮食细节，包括正餐、点心、饮料等摄入情况。通过对这些翔实数据的深入分析，可以准确评估幼儿的营养摄入是否达到均衡标准。基于这些分析结果，我们还能够为家长提供科学、合理且具有针对性的饮食建议，帮助家长更好地调整和优化幼儿的饮食结构，确保幼儿健康成长。（见图 4–1）

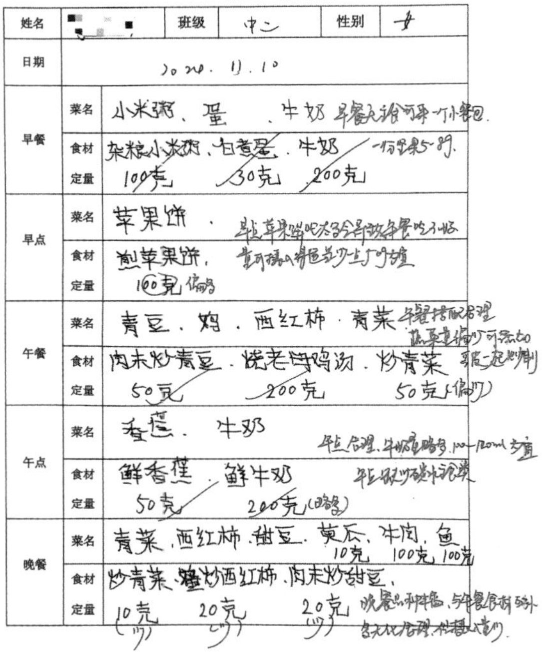
24 小时膳食回顾法记录表

姓名	[redacted]	班级	中二	性别	女
日期	2020.11.10				
早餐	菜名	小米粥、蛋、牛奶			
	食材 定量	杂粮小米粥、白煮蛋、牛奶 100克　30克　200克			
早点	菜名	苹果饼			
	食材 定量	煎苹果饼 100克 偏多			
午餐	菜名	青豆、鸡、西红柿、青菜			
	食材 定量	肉末炒青豆、烧老母鸡汤、炒青菜 50克　200克　50克（偏少）			
午点	菜名	香蕉、牛奶			
	食材 定量	鲜香蕉、鲜牛奶 50克　200克（略多）			
晚餐	菜名	青菜、西红柿、甜豆、黄瓜、牛肉、鱼 10克　100克　100克			
	食材 定量	炒青菜、炒西红柿、肉末炒甜豆 10克（少）　20克（少）　20克（少）			

图 4–1　24 小时膳食回顾法记录表扫描图

（1）记录膳食内容

家长可以使用我们提供的 24 小时膳食回顾法记录表，详细记录幼儿一天中每餐食物的名称、食材和定量。如早餐小米粥 100 克、鸡蛋 50 克、牛奶 200 克；早点苹果饼 50 克—100 克；午餐炒青菜 200 克、烧老母鸡汤 50 克、炒青菜 100 克；午点鲜香蕉 50 克、鲜牛奶 200 克；晚餐炒青菜 100 克、炒番茄 100 克、肉末炒甜豆 100 克。通过记录，家长可以清晰地了解幼儿的饮食结构。

（2）分析营养摄入

依据记录表，营养专家能够评估幼儿的营养吸收状况，一旦察觉幼儿某日蛋白质摄取量不足，我们会向家长提议，在后续膳食中添加更多像鱼虾、禽肉这样的高质量蛋白质；若发现幼儿蔬菜摄入量不足，我们则建议增加绿叶蔬菜的配比。通过持续的饮食监测与分析，家长能够适时调整幼儿的饮食习惯，保证营养的平衡。

（3）提供个性化建议

依据饮食习惯的记录，我们能够向家长提供定制化的饮食指导。例如，针对偏食的幼儿，我们建议家长尝试多种烹饪方法，将幼儿不喜爱的食物以不同方式呈现，提高幼儿的食欲；针对体重超标的幼儿，我们建议家长减少高热量食品，并改进烹饪技巧，例如减少油炸等高热量食物，更多采用蒸、煮、烩等健康的烹饪方法。我们也会鼓励幼儿适当增加运动量，帮助幼儿建立正确的健康理念。

3. 教联体共育特殊幼儿档案

在幼儿园的教育环境中，一些幼儿可能存在特殊需求，例如发育缓慢、过敏性体质或患有注意力缺陷多动障碍等。对于这些具有特殊需求的幼儿，我们需要实施更为系统化和个性化的教育策略。例如，创建一个教育联合体的共同育儿档案，用以追踪和记录他们的成长进展。这样的档案不仅能够记录下幼儿的成长数据，还能根据他们的具体情况，向家长提供定制化的育儿建议和支持。

（1）建立特殊幼儿档案

我们与家长、医生、心理咨询师等多方携手合作，为特殊儿童创建详尽的个人档案。这些档案涵盖了幼儿的基本资料、健康状况、行为特点、兴趣爱好等方面。对于有过敏体质的幼儿，档案会详细记载其过敏原，包括花粉、牛奶、海鲜等；对于患有注意力缺陷多动障碍的幼儿，档案会记录其注意力持续时间、多动行为的具体表现等。

（2）提供个性化教育方案

根据特殊幼儿的档案信息，我们为家长提供个性化的教育方案。

如对于发育迟缓的幼儿，我们建议家长增加营养摄入，进行早期干预训练；对于多动症幼儿，建议家长采用行为矫正方法，设定明确的规则和奖励机制，帮助幼儿逐步改善行为。我们还可以为特殊幼儿提供个别化的教学活动，如一对一辅导、小组活动等，满足他们的特殊需求。

（3）加强家园沟通与合作

家园合作是特殊幼儿教育的关键。我们定期与家长沟通，了解幼儿在家中的表现，同时向家长反馈幼儿在园中的情况。例如，我们会每月召开一次特殊幼儿家长会，邀请专家为家长讲解特殊幼儿的教育方法；家长也可以随时与幼儿园教师沟通，交流孩子的居家表现和他们的教育困惑。通过家园密切合作，为特殊幼儿的成长提供支持。（见图4-2）

图4-2　特殊幼儿家长会

（三）个性化育儿咨询的实践与反思

个性化育儿咨询作为一项专业性强、持续性久的工作，需要幼儿园和家长投入大量时间与精力持续探索。在此过程中，我们会面临诸多复杂的问题与挑战。比如，孩子可能不配合导致育儿计划难以实施，家长也可能因工作压力、生活琐事等难以坚持既定策略。面对这些困境，我们不能轻言放弃，要保持积极心态，正视问题，通过反思实践，总结经验教训。只有反复尝试修正，才能完善方法，找到适合孩子的养育之道。

我们也要重视与家长的沟通与合作。通过家长会、家访等形式，了解幼儿在家庭中的饮食习惯和健康状况，以便发现潜在问题并提供指导与支持。此外，我们也可以利用现代信息技术，如创建家长微信群、开发育儿 App 等手段，为家长提供便捷、高效且个性化的育儿咨询服务，形成家园合力，促进幼儿健康成长。

三、家庭访问与指导

在幼儿园教育工作中，家庭访问与指导是家园共育的重要环节。通过多种方式与家长进行沟通与互动，我们不仅能够帮助家长更好地理解幼儿的身心发展需求，还能为家长提供科学的育儿指导，从而促进幼儿的健康成长。

（一）微信公众号：二十四节气膳食指导

1. 背景与目的

随着现代科技的发展，互联网已成为人们获取信息的重要渠道。微信公众号作为一种便捷的信息传播平台，为幼儿园与家长之间的沟通提供了新的途径。例如，幼儿园通过微信公众号发布二十四节气膳食指导相关文章，及时向家长传递科学的育儿知识，帮助家长更好地了解幼儿在不同季节的饮食需求，从而为幼儿提供健康、营养的饮食。

2. 实施过程

为推广普及二十四节气膳食知识，我们成立专业编辑团队，负责撰写、发布相关文章。团队成员多元化，有营养师、教师、家长志愿者等。营养师提供膳食建议，教师确保内容贴近幼儿生活，家长志愿者给出操作性膳食搭配方案。他们紧密合作，研究节气气候特点与幼儿营养需求，精心策划、撰写文章内容，为家长和教师提供膳食指导。下文是团队在立夏发布的文章。

【巢养膳厨】你吃对了吗？——立夏节气美食

立夏，作为二十四节气中的第七个节气，标志着夏季的开始。从这一天起，我们告别了春天，迎来了充满活力的夏天。民间有"斗指东南，维为立夏，万物至此皆长大，故名立夏也"之说，这意味着春天播种的植物已经直立长大，大自然焕发出勃勃生机。

立夏的气候特点主要表现为全国平均气温升至18—20℃，天气渐热，雷雨增多。这样的气候对幼儿的身体状况有一定影响。体力、脑力消耗增大，幼儿容易感到疲惫和犯困。所以及时调整起居方式和生活节奏显得尤为重要。我们建议家长顺应夏季昼长夜短的特点，引导幼儿夜卧早起，适当进行晨练和午休，以保持充沛的精力。

在饮食方面，立夏节气也有其独特的养生之道。我们建议家长为幼儿准备一些富含营养、易于消化的食物。例如，立夏饭便是一道不错的选择，它选用大米、糯米为主料，搭配蚕豆、香肠、香菇、胡萝卜、春笋等蔬菜，不仅色彩丰富，营养均衡，而且寓意着"五谷丰登"，寄托着人们对美好生活的祝愿。制作时，只需将大米与糯米按2∶1的比例淘洗干净，与炒香的蔬菜丁一同放入电饭煲中煮熟即可。

此外，夏饼也是立夏时节的一道传统美食。它用面粉、糯米粉、鸡蛋等原料制成，口感松软，营养丰富。家长可以根据幼儿的口味和喜好，添加胡萝卜丝、葱花等蔬菜，或者肉末、笋丁、虾米等配料，使夏饼更加美味可口。制作时，只需将原料搅拌成浓稠的米浆，煎熟即可享用。

除了立夏饭和夏饼，我们还建议家长为幼儿准备一些新鲜的水果，如西瓜、樱桃等，以补充水分和维生素。我们也要避免给幼儿食用过多油腻、辛辣的食物，以免加重肠胃负担。

3. 效果与反馈

通过微信公众号发布二十四节气膳食指导相关文章，我们得到了家长的广泛好评。许多家长表示，这些文章不仅内容丰富、实用，还具有很强的可操作性。家长通过学习文章中的内容，可以为幼儿制作各种节气美食，不仅丰富幼儿的饮食，还增强亲子之间的互动。文章中的视频也让家长更容易理解和掌握相关知识和技能。

（二）定时家访指导：精准提供育儿支持

1. 背景与目的

家访是幼儿园与家长沟通的重要方式之一。通过家访，我们可以深入了解幼儿的家庭环境和生活状况，及时发现幼儿在家庭中可能存在的问题，并为家长提供具有针对性的育儿指导。家访不仅能够增强家园之间的信任和合作，还能帮助家长更好地理解幼儿园的教育理念，从而更好地支持幼儿的成长。

2. 家长互动与反馈

发布育儿指导内容后，我们鼓励广大家长在评论区留言，可分享育儿心得，也可提出困惑疑问。我们会尽快回复留言，针对问题提供专业、科学的育儿建议，助力家长应对育儿挑战。我们也会关注家长反馈意见，分析、吸收有益建议，据此调整、优化育儿指导内容，确保内容符合家长需求，贴合幼儿成长特点与具体情况，为家长提供更实用、贴心的育儿指导服务。

3. 实施过程

为确保每个幼儿得到教师充分的关注与支持，我们精心制订家访计划。计划明确了家访时间节点，安排在学期初、中、末三个关键时段，以便全面、系统地了解幼儿不同阶段的发展状况。

在家访实施过程中，我们会与家长深入沟通交流，细致了解幼儿在家庭环境中的多方面表现，包括饮食、睡眠、行为习惯等。我们也会如实将幼儿在幼儿园的学习和生活情况反馈给家长，帮助其更全面、深入地理解幼儿成长需求与潜在问题。

家访时，我们还会根据幼儿具体情况为家长提供量身定制的育儿建议。比如，对挑食幼儿，我们建议家长采用多样化烹饪方式激发其对食物的兴趣；对注意力难集中的幼儿，建议家长设立明确的规则和奖励机制，通过正向激励帮助其解决问题。此外，我们会与家长共同商讨制订幼儿成长计划，明确短期、长期发展目标及具体措施，确保幼儿在家庭和幼儿园共同努力下健康、快乐成长。

4. 效果与反馈

通过定时家访指导，我们与家长之间的沟通更加顺畅，家长对幼儿园的教育工作也更加支持和信任。许多家长表示，通过家访，他们不仅了解到幼儿在幼儿园的表现，还得到教师的宝贵建议，帮助他们更好地解决育儿过程中遇到的问题。家访也增强了幼儿对幼儿园的归属感和认同感，使幼儿更加愿意参与幼儿园的各项活动。

（三）一起长大 App：家园共育

1. 背景与目的

随着移动互联网的发展，各种育儿 App 为家长提供了丰富的育儿资源和便捷的沟通渠道。"一起长大"App 作为幼儿园选择的家园共育平台，为幼儿园与家长之间的互动提供了新的方式。通过该平台，我们可以发布育儿指导内容，家长可以随时查看并与其他家长交流育儿经验。这种方式不仅方便快捷，还能让家长在任何时间、任何地点获取育儿知识和支持。

2. 实施过程

在"一起长大"App 上，育儿指导内容涵盖多个方面。除了延续微信公众号的节气膳食指导，还包括幼儿常见疾病预防与护理、心理健康教育、亲子活动策划等内容。

在疾病预防与护理方面，我们会根据季节变化和幼儿常见疾病的发病规律，发布相关知识和应对方法。例如，在流感高发季节，详细介绍流感的症状、传播途径以及预防措施，我们会提醒家长注意幼儿的个人卫生，如勤洗手、戴口罩等；如果幼儿不幸感染流感，会提供护理建议，如饮食清淡、多喝水、保证充足睡眠等。

心理健康教育也是重要的内容板块。随着社会环境的变化，幼儿的心理健康问题备受关注。在 App 上我们会发布一些关于幼儿情绪管理、性格培养的文章和案例分析。例如，当幼儿出现情绪暴躁、哭闹不止的情况时，我们可以指导家长正确引导幼儿认识和表达情绪，通过耐心倾听、安抚情绪等方式帮助幼儿建立良好的情绪调节能力。

亲子活动策划板块则为家长提供了丰富的亲子互动灵感。我们发布了各种有趣的亲子活动方案，如亲子手工制作、亲子游戏等。以立夏为例，我们设计制作以立夏为主题的手工艺品，用彩泥制作立夏饭、夏饼等，既增进亲子关系，又能让幼儿更深入地了解节气文化。

为了增强与家长的互动，App还设置了评论、点赞和分享功能。家长可以在文章下方留言，提出自己的疑问和见解，其他家长可以进行回复和交流。这种互动不仅能解决家长的个性化问题，还能促进家长之间的经验分享和相互学习，营造良好的育儿交流氛围。

第三节　社区资源的整合与利用

在学前教育改革发展进程中，社区资源的系统性整合与创新性应用成为推动幼儿教育高质量发展的重要路径。本节将深入探讨如何通过社区健康教育活动，丰富幼儿园的教学内容，促进幼儿的全面发展；详细阐述如何将丰富多彩的社区资源巧妙地引入幼儿园，为幼儿打造一个更加生动、多元的学习环境；还将探讨家园社共育项目的实施策略，旨在加强家庭、幼儿园与社区之间的紧密联系，共同为幼儿的健康成长撑起一片蓝天。

一、社区健康教育活动

在当今社会，健康教育的重要性日益凸显，尤其是对于幼儿群体，其健康教育的开展更是关乎未来一代的身心发展。幼儿园作为幼儿教育的重要场所，应当积极整合社区资源，开展丰富多样的健康教育活动，为幼儿的健康成长创造良好的外部环境。而社区健康教育活动的开展，不仅是幼儿园教育的延伸，更是家园社共育的重要体现。

（一）社区健康教育活动的概念与意义

社区健康教育活动是指以社区为依托，以幼儿及其家庭为主要对象，通过整合社区内的各种资源，开展旨在促进幼儿身心健康的教育活动。这种活动形式突破了传统幼儿园教育的局限，将教育的视野拓展到整个社区，为幼儿提供更为广阔的健康教育空间。

1. 丰富幼儿的健康教育内容

幼儿园内的健康教育课程虽然系统全面，但资源相对有限。相比之下，社区拥有更加丰富的健康教育资源，如社区卫生服务中心、健身设施、绿色食品店等。通过整合这些资源，我们可以为幼儿提供更加丰富多样的健康教育内容，如参观社区卫生服务中心了解基本的健康知识，参与社区健身活动学习运动技能等。

2. 增强家园社共育的合力

社区健康教育活动的开展需要幼儿园、家庭和社区三方的共同参与。在这个过程中，家长能够更加深入地了解幼儿园的健康教育理念和方法，同时也能够将自己在家庭中积累的健康教育经验与园方及其他家长分享。这种互动交流有助于增强家园社共育的合力，形成教育的良性循环。

3. 培养幼儿的社会适应能力

社区是一个小型的社会缩影，幼儿在参与社区健康教育活动的过程中，能够接触到不同的人和事，学会与他人沟通交流、合作共事，从而培养良好的社会适应能力。这对幼儿未来融入社会、独立生活具有重要的意义。

（二）社区健康教育活动的资源整合策略

1. 整合社区人力资源

社区内有许多专业人士可以为幼儿园的健康教育活动提供支持。如社区卫生服务中心的医生和护士可以定期到幼儿园开展健康讲座，为幼儿和家长讲解幼儿保健知识、疾病预防等内容；社区健身教练可以指导幼儿进行科学的体育锻炼，帮助幼儿养成良好的运动习惯；社区内的家长志愿者也可以参与到幼儿园的健康教育活动中，协助教师组织活动，分享自己的育儿经验等。

以我园开展的"0—3岁早教活动"为例，我们充分利用社区内的人力资源，邀请社区卫生服务中心的儿科专家为0—3岁幼儿的家长举办育儿讲座。（见图4—3）

图 4-3 育儿讲座

讲座内容包括幼儿生长发育特点、常见疾病预防与护理、科学喂养方法等。专家们结合实际案例，深入浅出地讲解，家长们表示受益匪浅。我们还组织家长志愿者参与早教活动的组织和实施，家长在活动中互相交流育儿心得，形成良好的育儿氛围。（见图 4-4）

图 4-4 家长育儿志愿活动

2. 整合社区物力资源

社区内的物力资源也是幼儿园健康教育活动的重要依托。例如，社区内的健身设施可以成为幼儿体育活动的场地；社区内的绿色食品店可以为幼儿园提供健康食品的采购渠道，同时也为幼儿提供了解绿色食品的机会；社区内的公园、广场等公共场所可以作为幼儿园开展户外健康教育活动的场所。

2024 年，普陀区依据 10 个街镇居民"15 分钟社区生活圈"的行动蓝图，将立体化的独立宝宝屋嵌入普陀全域平面图中，完成每个街镇2 至 3 个"宝宝屋"的建设要求。目前，已成功推出 27 个社区"宝宝屋"，为有需求的 1 至 3 岁婴幼儿家庭提供社区"临时托"服务。幼儿在这里可以自由地玩耍、运动，教师和家长志愿者则在一旁指导和陪伴。通过这种方式，不仅丰富了幼儿的活动空间，也促进了幼儿的身心健康发展。

3. 整合社区文化资源

社区文化资源对幼儿健康教育活动的开展具有重要的价值。社区内的文化活动、传统节日等都可以成为健康教育的契机。例如，在社区举办的健康文化节上，幼儿园可以组织幼儿参与健康知识问答、健康才艺表演等活动，让幼儿在参与中学习健康知识，增强健康意识；在传统节日如端午节期间，幼儿园可以组织幼儿和家长一起包粽子、做香囊，同时向幼儿讲解端午节的由来和习俗，让幼儿在感受传统文化魅力的同时，了解健康饮食的重要意义。

（三）社区健康教育活动的实施路径

1. 建立合作机制

幼儿园与社区之间的合作是社区健康教育活动顺利开展的基础。我们主动与社区管理部门沟通协调，建立了长期稳定的合作关系。双方共同制订合作计划，明确各自的责任和义务，确保活动的顺利开展。例如，我们定期向社区管理部门汇报健康教育活动的开展情况，社区管理部门则为幼儿园提供了必要的资源支持和活动场地。

2. 设计活动方案

活动方案是社区健康教育活动实施的重要依据。我们可以根据幼儿的年龄特点和健康教育目标，结合社区资源，精心设计活动方案。活动方案包括活动目标、活动内容、活动形式、活动时间、活动地点、人员安排、资源需求等要素。如在开展"绿色食品进幼儿园"活动时，邀请绿色食品店的工作人员到幼儿园举办绿色食品知识讲座，组织幼儿参观绿色食品店，开展绿色食品品尝活动等。通过这些活动，让幼儿了解绿色食品的概念、种类和益处，培养幼儿健康饮食的意识。

图4-5　绿色食品进校园

3. 组织与实施活动

活动的组织与实施是社区健康教育活动的关键环节。在活动实施过程中，我们要充分发挥社区资源的作用，确保活动的顺利进行。在活动开始前，对活动场地进行布置，对活动器材进行检查，确保活动的安全性。在活动过程中，我们引导幼儿积极参与，关注幼儿的活动体验，及时给予鼓励和指导。我们还注重与家长和社区工作人员的沟通协作，共同为幼儿营造良好的活动氛围。

4. 评估与反馈

活动评估与反馈是社区健康教育活动的重要环节。通过评估可以了解活动的效果，发现活动中的问题，为今后的活动改进提供依据。我们可以采用多种方式进行活动评估，如问卷调查、观察记录、家长反馈等。在评估过程中，应重点关注幼儿的健康知识掌握情况、健康行为养成情况以及活动的参与度等方面。根据评估结果，我们及时总结经验教训，对活动方案进行调整和优化，不断提高社区健康教育活动的质量。

（四）社区健康教育活动面临的挑战与应对策略

1. 面临的挑战

（1）资源整合难度较大

社区健康教育活动需要整合社区内的人力、物力和财力资源，但在实际操作中，由于各方利益诉求不同，协调难度较大。例如，社区管理部门、幼儿园、医疗机构和家长之间可能存在沟通不畅、合作意愿不强等问题，导致资源难以有效整合。

（2）活动内容和形式的创新性不足

一些社区健康教育活动的内容和形式较为传统，缺乏吸引力，难以激发幼儿和家长的参与积极性。例如，健康知识讲座可能只是单纯的理论讲解，缺乏互动性和趣味性，导致听众的参与度不高。

（3）活动的持续性和长效性难以保障

由于社区健康教育活动大多依赖志愿者临时组织，缺乏专业的团队和稳定的资金支持，活动难以持续开展，难以形成长效机制。

2. 应对策略

（1）建立健全资源整合机制

加强社区管理部门、幼儿园、医疗机构和家长之间的沟通与协作，明确各方的职责和利益，通过签订合作协议、建立联合工作小组等方式，确保资源的有效整合。例如，社区管理部门可以协调各方资源，为活动提供场地和资金支持；幼儿园可以提供专业的教育资源和师资力量；医疗机构可以提供专业的健康知识和医疗服务；家长可以积极参与活动的组织和实施。

（2）创新活动内容和形式

结合幼儿的兴趣和需求，设计更加新颖、有趣的健康教育活动。例如，利用多媒体技术，制作生动有趣的健康科普动画、短视频等，通过线上线下相结合的方式进行传播；开展健康主题的亲子户外拓展活动，让幼儿在亲近自然的过程中学习健康知识。

（3）加强活动的组织和管理

建立专业的活动组织团队，负责活动的策划、组织和实施。积极争取政府部门、社会组织和企业的支持，拓宽资金来源渠道，确保活动的持续性和长效性。例如，可以向政府申请专项教育资金，与社会组织合作开展公益活动，吸引企业赞助等。

二、社区资源引入幼儿园

社区资源是幼儿园教育的宝贵补充，能够为幼儿提供更加丰富、多元的学习与成长环境。将社区资源引入幼儿园，不仅是拓展教育资源的重要途径，更是促进幼儿全面发展、培养其社会适应能力的关键策略。通过合理引入社区资源，我们可以打破传统教育的局限，让幼儿在真实的社会情境中学习、体验和成长。

（一）引入社区人力资源，拓展教育主体

社区中蕴含着极为丰富且多样化的人力资源，这些资源犹如一座未被充分挖掘的宝藏，能够为幼儿园的教育工作提供坚实而强大的支持。社区内的各类专业人士，如教师、医生、艺术家等，凭借其专业知识和技能，可以为幼儿园的教育活动带来独特的视角和丰富的内容。此外，热心的志愿者群体，他们无私奉献的时间和精力，能够在幼儿园的日常运作和特色活动中发挥不可或缺的作用。还有那些关心幼儿成长的家长，他们不仅是幼儿最亲近的陪伴者，更是幼儿园教育理念和实践的积极支持者与参与者。这些来自不同背景的人力资源，共同构成一个多元化的支持网络，为幼儿园教育的全面发展注入源源不断的活力。

1. 专业人士进校园，提升教育专业性

我们邀请社区内的专业人士进入幼儿园，能够为幼儿带来更具专业性和实践性的教育内容。例如，社区卫生服务中心的医生可以为幼儿讲解健康知识，举办健康讲座，帮助幼儿了解基本的卫生保健常识；消防员可以开展消防安全教育活动，通过现场演示和互动体验，让幼儿掌握火灾逃生技能；社区健身教练可以指导幼儿进行科学的体育锻炼，培养幼儿的运动兴趣和健康体魄。

以我园为例，在"消防记心中·安全伴我行"活动中，我们邀请了真如消防站的消防员进入幼儿园，为幼儿带来生动的消防安全小课堂。消防员不仅通过故事讲述、互动问答等形式向幼儿传授消防知识，还

现场展示了消防器具，指导幼儿和教师进行灭火器操作演练。这种专业性强的教育活动，不仅增强了幼儿的安全意识，也让幼儿在实践中掌握了实用的自救技能。（见图4-6）

图4-6　幼儿园消防讲解

2. 家长志愿者参与，丰富教育视角

家长是幼儿园教育的重要合作伙伴，家长志愿者的参与能够为幼儿园教育带来更加丰富多样的视角和资源。家长来自不同的职业岗位，具有各自的专业知识和生活经验。组织家长志愿者活动可以让幼儿接触到更多元的文化和社会知识。

在"垃圾减量'趣'行动"中，我们邀请家长与幼儿共同创作垃圾减量宣传画。家长与幼儿一起讨论环保主题，用画笔表达对环境保护的理解和期望。这些作品不仅在幼儿园内展示，还被放置在社区中，成为社

图4-7　垃圾减量宣传画

区环境教育的一部分。通过家长的参与，幼儿不仅学习到环保知识，还感受到家庭与学校共同合作的力量。（见图4-7）

3. 社区志愿者服务，传递正能量

社区志愿者在幼儿园教育中扮演着不可或缺的重要角色，他们不仅是幼儿园日常教学的有力补充，更是为幼儿园注入丰富的社会关怀和积极向上的正能量。社区内的大学生志愿者利用自己的课余时间，定期来到幼儿园开展形式多样的阅读活动。他们不仅能够为幼儿讲述生动有趣的故事，还能通过互动问答的方式，极大地激发幼儿对阅读的浓厚兴趣，培养他们的语言表达能力和想象力。此外，社区中的退休教师也积极发挥余热，他们凭借丰富的教学经验和深厚的文化底蕴，为幼儿提供专业的书法指导。一笔一画的细致教学，不仅让幼儿掌握基本的书法技巧，更重要的是在潜移默化中传承和弘扬了中华优秀传统文化，为幼儿的全面发展奠定了坚实的基础。

（二）引入社区物力资源，丰富教育环境

社区内所蕴含的丰富物力资源，诸如各类文化设施、优美的自然景观以及宽敞的公共空间等，均具备成为幼儿园教育资源重要组成部分的潜力。通过科学合理地引入和利用这些资源，我们不仅能够为幼儿营造出更加多元化和贴近实际生活的学习环境，还能有效拓宽他们的视野，丰富其认知体验，从而促进幼儿全面均衡地发展。这种资源的整合与利用，无疑是提升幼儿园教育质量、实现教育目标的重要途径之一。

1. 利用社区文化设施，拓展学习空间

社区内的各类文化设施，例如藏书丰富的图书馆、展示历史与艺术的博物馆以及寓教于乐的科技馆等，构成了幼儿园教育资源的重要补充部分。这些设施不仅提供了丰富的学习材料，还能为幼儿提供一个多元化的学习环境。我们制订了详细的计划，定期组织幼儿前往这些文化场所参观。在参观过程中，幼儿不仅能够直观地学习到各种知

识，还能在亲身体验中拓宽视野，激发好奇心和探索欲。

例如，曹杨新村幼儿园与中国工商银行普陀支行开展共建活动，我们利用银行博物馆等资源，为幼儿提供金融知识教育。通过参观银行博物馆，幼儿了解了货币的演变、银行的职能等知识，这种直观的学习方式不仅激发了幼儿的学习兴趣，也拓宽了幼儿的知识面。

2. 利用社区自然景观，亲近自然

社区内的自然景观，诸如公园、绿地、花园等多样化的绿色空间，构成了幼儿亲近自然、深切感受自然之美的不可或缺的重要场所。为了更好地利用这些宝贵的自然资源，我们有计划地组织幼儿定期前往社区内的公园进行丰富多彩的户外活动。在这些活动中，幼儿可以近距离观察植物的生长过程，了解不同植物的特点；可以认识各种各样的昆虫，探索它们的生活习性；还可以在自然环境中进行写生，用画笔记录下眼中的美景。这些贴近自然的实践活动，不仅能够让幼儿直观地感受到大自然的神奇与美好，潜移默化中培养他们对自然的热爱之情，还能有效提升幼儿的观察力和审美能力，促进他们综合素质的全面发展。通过这样的方式，幼儿在亲近自然的同时，也在快乐中学习和成长。（见图4-8）

图4-8　植树节

3. 利用社区公共空间，开展实践活动

社区内的公共空间，诸如社区活动中心、宽敞的广场以及其他开放性场所，为幼儿园提供了极为丰富且多样化的实践场地资源。这些空间不仅面积广阔，而且设施齐全，非常适合幼儿园组织开展各类富有教育意义的实践活动。幼儿园可以充分利用这些公共空间，策划并实施各种形式多样的实践活动。通过这些实践活动，幼儿园不仅能够拓展教育空间，还能有效促进幼儿的全面发展。

例如，在"九九重阳情，暖暖幼童心"活动中，曹杨新村幼儿园组织幼儿在社区活动中心为老人们表演节目，并与老人们一起包馄饨。这种活动不仅让幼儿感受到社区的温暖，还培养了幼儿的动手能力和关爱他人的品质。（见图 4-9）

图 4-9　重阳节

（三）社区资源引入幼儿园的挑战与对策

1. 挑战

在将社区资源引入幼儿园的具体实施过程中，不可避免地会遭遇到一系列的挑战和困难。这些挑战不仅涉及资源整合的复杂性，还包括幼儿园与社区之间的沟通协调问题，以及如何确保引入资源的质量和适用性等多方面的考量。

（1）资源整合难度大

社区资源种类繁多、分布广泛，如何有效地整合这些资源为幼儿园所用是一个难题。不同社区之间的资源差异也较大，如何根据幼儿园的实际需求选择合适的社区资源也是一个挑战。

（2）安全保障问题

在利用社区资源开展教育活动时，幼儿的安全问题是一个不可忽视的问题。如何确保幼儿在活动中的安全是幼儿园必须考虑的问题之一。

（3）家园合作不畅

家园合作是社区资源整合与利用的重要环节之一。然而，在实际操作中，由于家长对幼儿园教育理念的认同度不同、时间安排冲突等原因，家园合作往往存在交流不畅的问题。

2. 对策

（1）加强沟通协作

我们应加强与社区、家长之间的沟通协作，共同探索资源整合与利用的有效途径。通过定期召开联席会议、开展家园共育活动等方式，增进彼此之间的了解和信任，为资源整合与利用奠定坚实基础。

（2）完善安全保障措施

我们要完善安全保障措施，确保幼儿在利用社区资源开展教育活动时的安全。例如，制订详细的安全预案，加强活动现场的监管和巡查，为幼儿配备必要的安全防护装备等。

（3）提升家长参与度

我们还要积极提升家长的参与度，引导他们更加积极地参与家园共育活动。例如，通过开设家长课堂、组织亲子活动等方式，增强家长对幼儿园教育理念的认同度和参与度；还可以通过建立家园联系册、微信群等方式，加强与家长之间的沟通和联系。

三、家园社共育项目

家园社共育项目是幼儿园教育中的关键组成部分，它通过融合家庭、社区和教育机构的资源，为幼儿提供一个全面、多元的成长环境。这种共育模式不仅能够推动幼儿的全面发展，还能强化家庭与教育机构的联系，提高教育的质量和效果。

（一）家园社共育项目的意义

家园社共育项目是指在幼儿园教育过程中，家庭、社区以及教育机构这三方力量紧密协作、共同参与的一种综合性教育模式。该模式强调家庭、社区与教育机构之间的无缝对接和深度融合，旨在通过多方合力，为幼儿的健康成长和全面发展提供全方位、多层次的支持与帮助。这种模式的意义主要体现在以下几个方面：

1. 促进幼儿全面发展

家园社共育项目为幼儿提供多样化的学习资源和活动，促进他们在知识、技能、情感和社会性方面的全面发展。通过家庭、社区和教育机构的合作，幼儿能在多环境中学习和成长，为未来打下坚实基础。

2. 加强家庭与教育机构的联系

家园社共育项目旨在加强家庭与教育机构的联系和沟通，确保在幼儿教育中双方能合作，形成教育合力。我们让家长参与教育活动，全面了解幼儿园教育理念和方法，分享育儿经验和资源。这种互动能够提升教育质量，促进家庭教育优化，形成良性教育生态系统，为幼儿健康成长打下基础。

3. 提升教育的质量和效果

家园社共育项目整合家庭、社区和教育机构资源，提升教育质量和效果。通过三方合作，为幼儿创造全方位教育环境，提供个性化和多样化的教育服务。这种模式满足幼儿成长需求，提高教育针对性和有效性，确保幼儿在适宜的环境中得到最佳发展。

（二）家园社共育项目的实施策略

1. 建立合作机制

家园社共育项目需建立合作机制，明确各方职责与义务，以此来确保顺利进行。我们与家庭、社区签订合作协议，明确各自在教育活动中的权利和责任，确保合作中各方找到定位，发挥应有作用。这样，幼儿园与家庭、社区能建立长期稳定的合作关系，共同为幼儿的成长营造和谐的教育环境。

2. 设计活动方案

家园社共育项目的实施需要我们精心策划活动方案。所以，我们要考虑幼儿在不同年龄阶段的心理和生理特点，整合家庭、社区和教育机构资源，确保活动多样性和实用性。当我们制订详尽的活动计划时，要包括具体目标、内容、形式、时间、地点和人员分工等关键要素。只有全面规划和细致安排才能保障活动顺利进行，达到预期教育效果，促进幼儿全面发展。

3. 组织与实施活动

家园社共育项目的成功实施，需要各方的共同努力和积极参与。作为项目主体，我们应发挥家庭、社区和教育机构的协同作用，组织多样化的教育活动。在活动开展中，我们重视幼儿的主体地位，注重他们的参与和体验，及时鼓励和指导幼儿，促进幼儿全面发展。

4. 评估与反馈

家园社共育项目需要进行科学的评估与反馈，以确保活动的质量和效果。我们可以通过问卷调查、观察记录、家长反馈等方式，对活动进行评估，了解幼儿的收获和家长的满意度。依据评估结果，我们应当及时归纳经验教训，并对活动方案做出相应的调整与优化，以持续提升教育品质。

（三）家园社共育项目的案例分析

1. 亲子食间——冬日饺子活动

我们热情地邀请家长和幼儿一起参加"巢养膳厨——亲子食间冬日饺子"活动。在这个活动中，通过亲密的亲子互动，幼儿将有机会亲手实践，深入了解和体验中华传统文化的美妙之处，同时享受劳动带来的无限快乐。

此次活动让幼儿品尝了亲手制作的美食，也增进了亲子情感交流。当然，此次活动也为家长和幼儿提供了互动平台，加强了家庭情感纽带，促进家庭与幼儿园的沟通合作。

2. 爸爸智趣营——你好，南瓜

我们要全面而深入地挖掘和利用家长资源，积极组织、开展丰富多彩的家长进课堂活动。在精心策划的"爸爸智趣营——你好，南瓜"这一特色活动中，爸爸们热情参与到教育活动的各个环节中。（见图4-10）

图4-10 爸爸智趣营

在此次亲密无间的亲子互动中，孩子们不仅能够在实践中学习到生动的科学知识，还能深刻体验到探索未知世界的无穷乐趣。活动结束后，孩子们对植物的生长过程有了更为全面和深入的了解，他们在积极探索的过程中，逐步培养了敏锐的观察能力和严谨的思考能力。在亲子活动和与社区成员的互动交流中，孩子们也学会了如何与他人合作、分享以及关爱他人，良好的品德和行为习惯也在潜移默化中逐渐养成，为他们未来的成长奠定了坚实的基础。

3. 妈妈故事社——好饿的毛毛虫

在"妈妈故事社——好饿的毛毛虫"这一充满趣味和教育意义的活动中，妞妞的妈妈满怀热情地走进课堂，精心准备了一系列富有吸引力的语言互动环节。她以极其生动活泼的讲述方式，配合丰富多样的互动手段，不仅牢牢抓住了孩子们的注意力，还巧妙地引导他们深入了解毛毛虫从孵化到蜕变成美丽蝴蝶的完整成长过程。在这个过程中，孩子们不仅听得津津有味，还在轻松愉快的氛围中自然而然地学

习到了许多与日常生活息息相关的基本常识，极大地丰富了他们的知识储备。（见图 4-11 ）

图 4-11　妈妈故事社

来自各行各业的家长，他们具备多样的知识和技能，走进教室，向孩子们传授了新鲜的教学素材。例如，身为医生的家长向孩子们普及健康常识，作为警察的家长则教导孩子们如何进行安全防护。这些活动不仅充实了幼儿园的教学资源，扩展了孩子们的见识，还提升了家长在幼儿园教育中的参与度和责任感。

（四）家园社共育项目的实施效果

家园社共育项目的实施，能够显著促进幼儿在德育、智育、体育、美育及劳动教育等多维度的全面发展，同时加强家庭与教育机构之间的紧密联系，从而提升教育的整体品质与实际成效。通过家庭、社区与教育机构三方的协同合作与共同努力，幼儿得以在多样化的日常生活与学习环境中不断探索与成长，获得更为全面与均衡的发展机遇。此外，家园社共育项目亦能有效促进家庭与教育机构之间的频繁互动与深入沟通，使双方在教育理念、教育方法等方面达成共识，形成强大的教育合力，进而显著提升教育的质量与效果，为幼儿的健康成长奠定坚实基础。

第四节　家园社合作机制的构建与完善

在新时代幼儿教育深化改革的背景下，家园社合作机制的构建与完善显得尤为重要。本节将深入探讨合作机制的建构，这不仅涉及幼儿园、家庭、社区三方的紧密联动，更关乎教育资源的优化配置。信息平台的搭建作为现代化教育管理的关键一环，其重要性不言而喻。通过信息平台，我们能够更高效地沟通、分享与反馈，从而确保教育工作的透明与高效。此外，成效评估与反馈机制的设立，旨在科学评估合作成果，及时调整策略，以实现家园社共育的最佳效果。

一、合作机制建立

家园社合作机制的建立是实现幼儿园教育目标、促进幼儿全面发展的重要保障。通过构建科学合理的家园社合作机制，可以有效整合家庭、幼儿园和社区三方资源，形成教育合力，提升教育质量。

（一）合作机制建立的必要性

随着教育改革的推进，家园社合作成为幼儿园教育的重要环节。家庭、幼儿园、社区是幼儿成长的三大核心环境，各有独特的教育责任。家庭是幼儿接触世界的第一课堂及情感、性格塑造的摇篮；幼儿园是幼儿接受系统化、规范化教育，奠定认知、社交能力的关键场所；社区提供广阔多元的学习与实践平台，丰富经验，拓宽视野。因此，构建、完善家园社合作机制，整合三方优质资源形成合力，对促进幼儿身心健康、全面提升素养意义重大。

我们认识到家园社合作在幼儿教育中的重要地位与影响，积极探索、实践有效路径与策略。构建完善的合作机制，加强家庭、幼儿园、社区的联系，打破传统教育模式的壁垒，实现资源共享、优势互补，我们力求为幼儿营造充满关爱、和谐、健康且富有教育意义的成长环境，让幼儿在良好的氛围中茁壮成长，为其未来发展奠定基础。

（二）合作机制的建立过程

1. 组织机构的构建

为了确保家园社合作机制的顺利实施，我们建立了完善的组织机构。其一，成立园级家委会，由每班推荐产生的 1 位家长组成，共 7 人，并设一位主席负责统筹协调。园级家委会下设健康组、安全组、教育教学组三个小组，由家长根据自己的特长报名参加，以便更好地发挥家长的专业优势。其二，成立年级家委会和班级家委会。年级家委会由各班推荐产生的 1 位家长组成，共 7 人；班级家委会则由各班级家长自荐或推荐产生，每个班级 3 人。这些组织机构为家园社合作提供了坚实的组织保障，确保合作机制的顺畅运行。（见图 4-12）

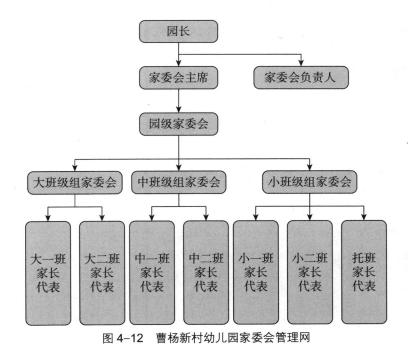

图 4-12　曹杨新村幼儿园家委会管理网

2. 职责与分工的明确

为了确保家园社合作机制能够高效、有序地运行，我们对各级家委会的职责与分工进行细致且明确的界定。明确的分工旨在让每一位家委会成员都清楚自己的工作范围和具体职责，从而避免职责重叠或疏漏，确保各项合作任务能够顺利推进，最终实现家园社协同育人的目标。

（1）园级家委会

园级家委会主要负责参与幼儿园的管理，共同研究和解决幼儿园待解决的重要问题；促进家园双方密切联系，积极为园所工作献计献策；将幼儿素质教育放在家委会所有活动的首位，调动幼儿园与家庭两方面的积极性；熟悉班内其他幼儿家长，多听取他们对校园工作的建议和意见，及时向园方反馈；提高家长科学育儿的水平，增强家庭教育责任感；定期参与学校发展规划的评估，主动反映幼儿、家长、社会对幼儿园工作的意见、建议和要求；参与幼儿园课程实施管理及学校大活动的策划、安排和组织。

（2）年级家委会

年级家委会的职责在于参与年级管理，了解年级的发展规划、工作计划的制订与实施情况，并提出意见和合理化建议；关心年级各项工作，参与年级各种重大教育、教学活动；积极争取家长的支持，充分挖掘家长资源，为幼儿服务。

（3）班级家委会

班级家委会主要负责参与班级环境布置、家长进课堂、自然角的收集、家长开放半日活动等工作；和班级老师一起起草和制订班级家委会活动的初步方案；配合班级教师，做好幼儿外出活动时的助手工作，保护幼儿的安全；积极开拓家长和社会资源，积极参与家长进课堂活动；做好宣传科学家庭教育理念工作，及时反映和宣传班级家委会的工作动态，为其他家长树立榜样。

3. 合作机制的完善与优化

在合作机制的运行过程中，我们不断总结经验教训，对合作机制进行完善与优化。例如，针对家长参与幼儿园管理的深度和广度不够的问题，我们加强与家长的沟通与联系，通过定期召开家委会会议、开展家长巡访组活动等方式，引导家长更深入地参与幼儿园的管理工作。我们还注重发挥家长的专业优势，邀请家长参与幼儿园的课程实施、活动策划等工作，为幼儿园的发展贡献智慧和力量。

（三）合作机制的具体措施

1. 建立定期沟通机制

为了确保家园社之间的顺畅沟通，我们建立了定期沟通机制。其一，定期召开家委会会议。每学期初，幼儿园都会组织召开园级家委会会议，向家长介绍幼儿园的工作计划和工作情况，听取家长对幼儿园工作的意见和建议。各年级和班级也会定期召开家委会会议，就班级的具体工作与家长进行沟通与交流。

其二，开展家长巡访组活动。为了让家长更深入地了解幼儿园的教育教学工作，幼儿园成立了家长巡访组，由园级家委会成员组成。巡访组定期走进幼儿园，聆听教师的教学活动，感受幼儿园的教育氛围。通过巡访活动，家长不仅能够加深对幼儿园教育工作的理解，还能为幼儿园的发展提出宝贵的意见和建议。

此外，幼儿园还通过微信公众号、家园联系册等方式，及时向家长传达幼儿园的工作动态和幼儿在园的表现情况，方便家长了解幼儿的学习和生活情况。

2. 开展丰富多彩的家园社活动

为了促进家园社之间的紧密合作，我们积极开展丰富多彩的家园社活动。例如，每年新生入园前，我们都会组织新生家长会，向家长介绍幼儿园的教育理念、课程设置、师资力量等情况，帮助家长更好地了解幼儿园的保教工作。我们也会邀请家长参与幼儿园的各种重大活动，如亲子运动会、文艺汇演、节日庆典等，让家长与幼儿共同感受幼儿园的快乐与温馨。

　　除了家园活动外，我们还积极与社区开展合作。组织幼儿参加社区的环保公益活动，如垃圾分类宣传、绿色出行倡议等，让幼儿在实践中学习环保知识，培养环保意识。幼儿园还与社区的文化中心、图书馆等机构开展合作，为幼儿提供更丰富的文化资源和活动场所。

3. 发挥家长的专业优势

　　我们也注重发挥家长的专业优势，邀请家长参与幼儿园的课程实施和活动策划等工作。例如，在幼儿园的"爸爸智趣营"活动中，我们邀请了具有科技、艺术专业背景的爸爸们走进幼儿园，为幼儿带来一系列富有启发性的活动。这些活动不仅丰富了幼儿的学习内容，还激发了幼儿的学习兴趣和创造力。

　　此外，我们还鼓励家长参与幼儿园的教研活动，与家长共同探讨幼儿教育的热点和难点问题，寻求解决之道。

4. 加强社区资源的整合与利用

　　为了充分利用社区资源，为幼儿提供更丰富的学习和实践机会，我们不断加强与社区的合作。其一，我们与社区的文化中心、图书馆等机构建立长期稳定的合作关系，为幼儿提供丰富的文化资源和多样化的活动场所。其二，我们积极与社区内的企业、商家展开合作，为幼儿创造更多的实践机会。例如，在幼儿园举办的"小小职业体验日"活动中，幼儿走进社区的超市、银行，亲身体验不同职业的工作内容。

　　最后，我们还注重发挥社区志愿者的积极作用，邀请他们走进幼儿园，为幼儿带来一系列既有趣又富有教育意义的活动。这些活动不仅能够丰富幼儿的学习内容，还有利于培养幼儿的社会责任感和感恩之心。

二、信息平台搭建

　　在数字化时代背景下，信息平台的搭建已成为家园社合作机制中不可或缺的一环。建立高效的信息共享平台，可以加强家园社之间的沟通与协作，实现教育资源的优化配置，提升教育服务的质量和效率。

（一）信息平台搭建的意义

1. 促进信息及时传递

传统的家园沟通方式如家长会、家访等，虽然有其不可替代的作用，但在信息传递的时效性上存在一定局限。而信息平台能够实现信息的实时推送，无论是幼儿园的通知、活动安排，还是幼儿在园的日常表现、学习进展，家长都能在第一时间知晓。同样，家长对于幼儿在家的情况反馈，也能迅速传达给幼儿园教师，让教师全面了解幼儿的成长环境，为个性化教育提供依据。

2. 增强互动交流

平台为幼儿园、家庭和社会提供了一个互动交流的空间。家长可以在平台上分享育儿经验、提出疑问和建议，幼儿园教师能够及时给予专业解答和指导。社会各界人士也可以通过平台参与到幼儿保教保育中来，提供资源和支持，形成教育合力。这种互动交流不仅能够增进各方之间的了解与信任，还能促进教育理念的融合与更新。

3. 整合教育资源

信息平台可以整合幼儿园内部、家庭以及社会的各类教育资源，如优秀的教育和养育文章、亲子活动方案、社区文化活动信息等。各方可以根据自身需求在平台上获取和分享资源，实现资源的最大化利用，丰富幼儿的教育内容和形式。

（二）信息平台搭建的原则

1. 便捷性原则

信息平台的设计应当注重用户体验，确保其操作界面简洁直观，功能布局合理，让家长、教师、社区工作人员等各方用户，都能轻松上手。此外，平台还须具备良好的兼容性和稳定性，支持多个终端访问，无论是通过电脑、手机还是平板等设备，用户都能随时随地便捷地登录平台进行各项操作，确保信息的及时传递和高效处理，有效促进家园社之间的沟通与协作。

2. 安全性原则

信息平台在运营过程中，必须高度重视数据安全和隐私保护的双重任务，采取一系列严格有效的措施，确保所有存储、传输和处理的数据都处于严密的安全防护之下。平台还需建立健全的隐私保护机制，严格防止任何形式的信息泄露事件发生，杜绝数据被非法获取、滥用或用于未经授权的用途，从而全面保障用户信息的安全性和私密性，维护平台的公信力和用户的合法权益。

3. 互动性原则

信息平台应当具备支持多方互动的功能，积极促进家庭、学校以及社区之间的广泛交流和及时反馈。通过这一平台，各方能够便捷地分享信息、提出建议和表达意见，构建一个开放、互动、和谐的家园社共育环境，进一步增进彼此之间的理解与协作，共同推动教育事业的健康发展。

4. 可扩展性原则

信息平台在设计之初就应充分考虑其可扩展性，确保在未来的教育发展过程中，能够灵活地根据实际需求进行功能的扩展和升级。这种良好的可扩展性不仅体现在技术架构的灵活性上，还包括对新兴教育模式和教学资源的快速适配能力。通过不断地扩展和升级功能，信息平台能够持续满足教育领域不断变化的需求，为教育教学提供强有力的技术支持和保障。

（三）信息平台搭建的内容

1. 建立统一的信息发布系统

我们可以通过微信公众号、家长微信群等多种线上渠道发布各类重要信息，这样不仅能够确保所发布信息的权威性和可靠性，还能有效保证信息在不同平台之间的一致性和同步性，避免因信息传递不畅或内容差异导致的误解和混乱，从而更好地服务于家长和幼儿，提升幼儿园的管理水平和家长满意度。

2. 开发多功能的 App 应用

"一起长大 App"是一个专注于家园共育的应用平台,其四大板块——家庭时光、家园共育、通知分享、在园时光,为家长和教师提供了全方位的交流渠道。在"家庭时光"板块,家长积极分享幼儿在家的生活点滴,如亲子阅读、手工制作、户外游玩等照片和视频,让教师和其他家长能够更好地了解幼儿的家庭生活环境;在"家园共育"板块,幼儿园教师定期发布针对不同年龄段幼儿的教育指导文章和亲子活动建议,帮助家长提升家庭教育水平;在"通知分享"板块,幼儿园的通知、活动信息等能够及时准确地推送给家长,避免信息传递的延误;在"在园时光"板块,教师通过照片和视频的形式,实时分享幼儿在园的学习、游戏和生活情况,让家长能够随时了解幼儿在园的动态,安心工作。

3. 构建在线教育资源库

整合各类优质教育资源,包括但不限于课程教材、教学视频、互动课件以及专家讲座等,为家庭、学校和社区提供丰富多样的教育内容和实用便捷的教育工具,旨在全面提升教育质量和学习效果,满足不同群体的多元化教育需求。

4. 实现数据的智能分析和管理

深入细致的数据分析能够帮助幼儿园全面系统地挖掘教育领域中的关键信息和潜在规律,提供科学、精准、有力的支持,助力其制定更加合理、高效的教育政策和发展战略。而且,我们可以基于数据分析的结果,不断优化和改进教育服务的各个环节,提升教育服务的质量和效率,确保教育资源得到更加合理的配置和有效利用,最终实现教育事业的持续健康发展。

(四)信息平台搭建的实施策略

1. 加强组织领导

我们要明确信息平台建设的领导机构和责任人,建立健全组织架构和管理体系,细化各级职责分工,确保平台建设的每一个环节都有专人负责，形成高效协同的工作机制，从而保障信息平台建设能够按照既定目标和计划有序推进，确保平台建设的顺利进行，避免出现管理混乱和责任不清的情况，为信息平台的稳定运行和长远发展奠定坚实基础。

2. 加大投入力度

为了确保信息平台能够高效、稳定地运行，我们需要投入充足的资金和必要的人力资源。这些资金将用于购买先进的硬件设备、升级软件系统以及进行日常的维护和更新，从而为信息平台提供坚实的技术支撑。人力资源的投入也是不可或缺的，我们配备了专业的技术团队，负责平台的日常监控、故障排查和用户服务，确保信息平台的服务运行顺畅无阻，能够随时满足用户的需求。

3. 强化培训指导

为了全面提升家园社各方的信息化水平，我们有针对性地开展一系列信息技术培训活动。这些培训将涵盖基础操作、软件应用、网络安全等多个方面，旨在有效提高社区成员的信息素养，增强他们在日常生活和工作中对信息技术的熟练使用能力，从而更好地适应数字化时代的发展需求。

4. 建立评估机制

为了确保信息平台能够持续高效地服务于用户，我们需要定期对其运行效果进行全面而细致的评估工作。这一评估过程不仅包括对平台性能、稳定性、安全性等多方面的综合考量，还要深入分析用户反馈和使用数据，以便准确把握平台的实际运行状况。在评估结果的基础上，我们应迅速采取行动，针对发现的问题和不足之处，及时制定相应的调整方案和改进措施，确保信息平台能够不断优化升级，更好地满足用户的需求，提升整体服务质量和用户体验。

（五）信息平台搭建的发展趋势与展望

1. 智能化发展

随着人工智能技术的不断发展，信息平台将更加智能化。通过对幼儿学习和生活数据的分析，平台能够为家长和教师提供个性化的教育建议和方案，实现精准教育。例如，根据幼儿在园的学习表现和行为习惯，平台可以自动生成个性化的学习计划和成长报告，帮助家长和教师更好地了解幼儿的发展状况，制定具有针对性的教养策略。

2. 多元化融合

未来的信息平台将不仅局限于家园社之间的沟通与合作，还将与更多的教育资源和社会服务机构进行融合。比如，我们可以与在线教育平台合作，为幼儿提供丰富的线上课程资源；与医疗机构合作，为幼儿提供健康管理和医疗咨询服务；与文化艺术机构合作，开展线上线下的文化艺术活动等。通过多元融合，为幼儿创造更加丰富、多元的教育环境。

3. 移动化便捷

随着移动设备的普及，信息平台将更加注重移动端的体验和功能优化。家长和教师可以通过手机随时随地访问平台，进行信息交流和资源共享。平台还将开发更多的移动端应用场景，如在线直播教学、远程亲子互动等，让教育更加便捷、高效。

三、成效评估与反馈

成效评估与反馈是家园社合作机制中的重要环节，它不仅能够衡量合作机制的实施效果，还能为合作机制的持续改进和优化提供依据。通过科学有效的评估与反馈，可以确保家园社合作机制更好地服务于幼儿的健康成长和教育质量的提升。

（一）保育保健视角下的幼儿发展评估指标体系构建

1. 幼儿发展指标

（1）健康认知发展

健康认知发展的评估，涵盖了幼儿在日常生活中的多个关键习惯，如洗手、饮水、运动以及进餐等方面。幼儿在完成盥洗后，能够主动观察自己的小便颜色，一旦发现颜色偏深且量较少时，他们便能自主地增加饮水量，以此促进自身的新陈代谢。这种自我观察与调节的行为，体现了幼儿健康意识的初步觉醒。

再如，存在肥胖问题的幼儿，在进餐时能够自觉地先喝汤，随后再享用饭菜。这种行为模式显示出幼儿已经养成了健康自主的饮食习惯，能够主动进行饮食干预，管理自身健康。

此外，当幼儿在参与运动时，他们能够通过使用血氧仪或运动手环等科技设备，实时监测自己的运动心率与血氧饱和度。这一习惯不仅帮助他们更好地了解自己的身体状况，还促进了良好健康认知的形成。

（2）心理健康评估

评估幼儿在集体活动中的合作意识，能否与同伴友好相处、分享玩具；观察幼儿在面对困难或挫折时的情绪反应，是否能积极调整心态；了解幼儿对自己的优点和不足的认识。可以通过教师日常观察记录、同伴互评、家长反馈等多渠道收集信息。比如，教师记录幼儿在角色扮演游戏中的互动情况，家长反馈幼儿在家与家人相处时的情绪表现等。

（3）平衡能力发展

平衡能力是幼儿身体协调发展的重要体现，关乎日常活动与运动安全。评估幼儿在直线行走、单脚站立、沿平衡木行走等活动中的表现，观察其身体控制与协调能力。如在走直线时，看幼儿能否保持身体稳定，不左右摇晃；单脚站立时，关注其坚持时间与姿态稳定度。通过这些评估，了解幼儿平衡能力发展状况，为保育保健工作提供依据，助力幼儿健康成长。

（4）动作发展

评估幼儿的大肌肉动作和精细动作发展。大肌肉动作包括走、跑、跳、攀爬等运动能力，精细动作涉及手部的抓握、捏取、绘画等能力，通过体育活动测试、手工制作任务完成情况等进行评估。比如，在搭建积木活动中，看幼儿能否熟练地拿起、摆放积木，搭建出复杂的造型，以此判断其手部精细动作的发展水平。

2. 家园社合作参与度指标

（1）家长参与度

统计家长参与幼儿园组织的活动频率，如家长会、亲子活动、家长志愿者活动等；了解家长在家园沟通平台上的活跃程度，包括信息查看、回复、分享的次数；观察家长对幼儿园教育教学工作的支持配合度，如是否积极完成教师布置的家庭任务，参与家庭教育讲座的积极性等。可以通过活动签到记录、平台数据统计、教师评价等方式获取数据。

（2）社区参与度

衡量社区为幼儿园提供资源的丰富程度，如社区图书馆、科技馆等场所是否向幼儿园开放，社区志愿者参与幼儿园活动的人次；评估幼儿园与社区合作举办活动的数量和质量，以及社区对幼儿园教育理念的宣传推广力度。可以通过社区资源共享记录、活动合作档案、社区问卷调查等方式进行评估。

（3）幼儿园主导作用发挥度

评估幼儿园组织家园社合作活动的策划与执行能力，活动是否具有创新性、针对性；考查幼儿园对家长和社区教育指导的专业度，是否定期开展育儿知识讲座、社区教育咨询等活动；观察幼儿园整合各方资源的能力，能否将家庭和社区的优势资源有效融入教育教学中。可以通过活动效果评估、家长和社区满意度调查、教师团队专业能力考核等方式进行综合评价。

3. 教育质量提升指标

（1）教学方法创新

关注幼儿园在教学过程中是否引入新的教育理念和方法，如游戏化教学、项目式学习等，并评估这些方法在课堂中的应用效果。观察教师是否能根据幼儿的特点和需求灵活调整教学策略，激发幼儿的学习兴趣。可以通过课堂教学观摩、教师教学反思报告、幼儿学习兴趣调查等方式进行评估。

（2）课程资源丰富度

评估幼儿园是否充分利用家庭和社区资源丰富课程内容，如邀请家长分享职业经验，利用社区自然和人文资源开展实地教学等，统计幼儿园园本课程中融入的家庭和社区元素的数量和质量。可以通过课程大纲分析、实地教学活动记录、教师课程设计案例等方式进行评估。

（3）教育成果展示

通过幼儿在各类比赛、活动中的获奖情况，以及幼儿园在区域内的教育影响力来衡量教育质量的提升。如幼儿在绘画比赛、讲故事比赛中的表现，幼儿园在教育改革试点项目中的成果展示等。可以通过比赛获奖证书、教育部门的评价报告、媒体报道等方式收集数据。

（二）评估方法的选择

1. 问卷调查法

问卷题型可以包括选择题、量表题和简答题等。选择题和量表题便于量化统计，了解各方对合作机制的满意度、参与度等情况；简答题则能收集到更丰富的开放性意见和建议。例如，在家长问卷中设置"您对幼儿园组织的亲子活动形式和内容是否满意？"以及"您认为目前家园社合作中还存在哪些问题？"等问题。问卷发放可以通过线上平台（如微信小程序、专门的问卷调查App）和线下纸质问卷相结合的方式进行，确保覆盖到不同类型的调查对象，提高问卷的回收率和有效率。

2. 访谈法

选取部分家长、教师和社区代表进行面对面访谈或电话访谈。访谈前制定详细的访谈提纲，围绕家园社合作机制的运行情况、存在的问题及改进建议等方面展开。访谈过程中注意营造轻松的氛围，鼓励访谈对象畅所欲言。访谈结束后，对访谈内容进行整理和分析，提炼出有价值的信息。

3. 观察法

观察法主要用于对幼儿发展和合作活动开展情况的评估。教师在日常教学活动中观察幼儿的行为表现，记录幼儿在认知、社会情感和身体动作发展方面的进步与不足。在观察家园社合作活动时，观察各方人员的参与状态、互动情况等。如在亲子运动会上，观察家长和幼儿之间的协作默契程度，教师对活动的组织引导能力，以及社区志愿者在活动中的协助效果等。观察过程中可以采用录像、拍照等方式辅助记录，以便后续更细致地分析。

4. 数据分析

收集幼儿园日常管理中的各类数据，如幼儿的出勤记录、健康数据、活动参与数据等，通过数据分析挖掘其中的潜在信息。例如，分析幼儿的出勤数据，观察家园社合作活动开展频繁时期与幼儿出勤率之间的关系；对比不同班级在引入社区资源开展特色活动前后，幼儿认知与行为的变化，评估课程资源丰富度对教育质量的影响。利用数据分析软件（如 Excel、SPSS 等）对数据进行统计分析，得出客观、准确的评估结果。

（三）评估结果与分析

基于上述评估体系，我园对家园社合作机制进行了全面的评估和分析。以下是家长开放日调研问卷内容。

1. 您孩子的班级是（　　　　）[单选题]

选项	小计	比例
A. 托班	11	10.78%
B. 小班	24	23.53%
C. 中一班	16	15.69%
D. 中二班	17	16.67%
E. 大一班	20	19.61%
F. 大二班	14	13.73%
本题有效填写人次	102	

2. 您对本次家长开放日的组织和安排是否满意（　　　）[单选题]

选项	小计	比例
A. 满意	102	100%
B. 一般	0	0%
C. 不满意	0	0%
本题有效填写人次	102	

3. 您认为家长开放日对您了解孩子在学校的学习和生活情况有多大帮助（　　　）[单选题]

选项	小计	比例
A. 非常有帮助	100	98.04%
B. 有一定帮助	2	1.96%
C. 帮助不大	0	0%
本题有效填写人次	102	

4. 您对孩子所在班级教师的教学方法和教学效果是否满意（　　　）[单选题]

选项	小计	比例
A. 满意	101	99.02%
B. 一般	1	0.98%
C. 不满意	0	0%
本题有效填写人次	102	

5. 您认为教师在教学过程中是否注重调动孩子参与的积极性（　　）[单选题]

选项	小计	比例	
A. 非常注重	98		96.08%
B. 比较注重	4		3.92%
C. 不太注重	0		0%
本题有效填写人次	102		

6. 您对教师与孩子之间的互动情况是否满意（　　）[单选题]

选项	小计	比例	
A. 满意	101		99.02%
B. 一般	1		0.98%
C. 不满意	0		0%
本题有效填写人次	102		

7. 您对幼儿园在家长开放日期间提供的服务和支持满意度如何（　　）[单选题]

选项	小计	比例	
A. 满意	102		100%
B. 一般	0		0%
C. 不满意	0		0%
本题有效填写人次	102		

8. 您最关心孩子在园的哪些方面（　　　）[多选题]

选项	小计	比例
A. 学习内容	73	71.57%
B. 习惯培养	98	96.08%
C. 生活情况	79	77.45%
D. 幼儿情绪	87	85.29%
E. 身体状况	75	73.53%
本题有效填写人次	102	

9. 您觉得家长开放日对孩子的学习和成长有何帮助？[填空题]

10. 您认为本次家长开放日中可以改进的地方有哪些？[填空题]

1. 家长满意度高

从问卷调查结果来看，家长对幼儿园在家长开放日等活动的组织与安排、服务与支持等方面均给予了高度评价。在多个班级的调研问卷中，家长对活动的组织和安排满意度均达到了100%。这表明幼儿园在活动策划和执行方面做得非常出色，能够充分满足家长的需求和期望。

家长对幼儿园提供的服务和支持也给予了高度评价。他们认为幼儿园在家长开放日期间准备充分、服务周到，能够为他们提供翔实的资料和耐心的解答。这种高度的满意度不仅增强了家长对幼儿园的信任感，也为后续的家园合作奠定了良好的基础。

2. 教师教学效果显著

在家长对教师教学效果的评估中，绝大多数家长表示对教师的教学方法和教学效果非常满意。他们认为教师教学认真负责、教学效果显著，能够充分调动学生参与的积极性。

此外，通过观察记录法和访谈法，我们也发现教师在日常教学中注重因材施教、寓教于乐，能够根据不同幼儿的特点制订个性化的教学计划。这种灵活多样的教学方法不仅提高了幼儿的学习兴趣，也促进了他们的全面发展。

3. 幼儿成长与发展迅速

在家园社的紧密合作下，幼儿在多个方面均取得了显著的进步。在学习内容掌握方面，幼儿能够较好地掌握各领域的知识和技能；在习惯培养和社交能力方面，幼儿也逐渐形成了良好的生活习惯和人际交往能力。

4. 家园合作深度与广度不断拓展

我们在家园合作方面不断探索和创新，形成了多种形式的合作模式。除了传统的家长会、家访等方式外，幼儿园还积极利用现代信息技术手段，如微信群、家园联系册等，加强与家长的沟通和联系。

　　通过定期的家园互动活动，家长和教师之间建立了更加紧密的联系和信任关系。家长不仅积极参与幼儿园的活动，还愿意为幼儿园的发展提出建议和意见。这种深度的家园合作不仅促进了幼儿的全面发展，也提升了幼儿园的教育质量和社会影响力。

参考文献

［1］王玲玲. 新时期幼儿园保教质量的提升途径探析［C］// 广东省教师继续教育学会. 广东省教师继续教育学会教师发展论坛学术研讨会论文集（八）. 陕西省汉中市镇巴县教研室，2023.

［2］王艳，王艳春. 规范保育先行　科学教育护航［J］. 家教世界，2022（18）：45–46.

［3］吉天花，刘武. 一日活动皆课程——幼儿自我管理的习惯养成教学［J］. 基础教育论坛，2021（25）：84+86.

［4］朱菊萍. 浅谈现代信息技术在幼儿教育中的渗透应用［J］. 教育界，2024（05）：128–130.

［5］杨文. 当前幼儿园环境创设存在的问题及解决对策［J］. 学前教育研究，2011（07）：64–66.

［6］何建萍. 幼儿园保育保健工作的重要性及策略探究［J］. 新智慧，2021（15）：29–30.

［7］张晶晶. 幼儿园保教工作精细化管理解析［J］. 课程教育研究，2018（25）：204–205.

［8］王宇丰. 互联网＋环境下幼儿园教育信息化创新路径研究［J］. 才智，2019（35）：184.

［9］纪培. 信息技术在幼儿发展评价中的应用研究［J］. 新智慧，2023（15）：33–35.

［10］于丽娟 . 幼儿园后勤管理工作质量提升对策分析［J］. 才智，2015（35）：274.

［11］雷霞 . 幼儿园膳食营养科学化管理的探索［J］. 现代教育科学（小学教师），2015（04）：158.

［12］刘娥 . 幼儿园食品安全营养膳食的科学管理［J］. 食品安全导刊，2019（09）：60.

［13］刘占艳 . 微信公众平台在幼儿园家园共育中的创新应用分析［J］. 中国新通信，2024，26（13）：76–78.

［14］赵纯 . 以资源整合为导向的"家园社"共育研究［J］. 求知导刊，2021（52）：17–19.

［15］高丽萍 . 浅谈幼儿园家园共育的重要性［J］. 学周刊，2019（16）：167.

图书在版编目（CIP）数据

从"保健"到"育健"：30余年追寻高质量保教结合的思与行 / 周怡著. -- 上海：上海教育出版社，2025.4. -- ISBN 978-7-5720-3509-8

Ⅰ. G61

中国国家版本馆CIP数据核字第2025KN8851号

责任编辑　余佳家
封面设计　周　亚

从"保健"到"育健"——30余年追寻高质量保教结合的思与行
周　怡　著

出版发行	上海教育出版社有限公司
官　　网	www.seph.com.cn
地　　址	上海市闵行区号景路159弄C座
邮　　编	201101
印　　刷	上海华顿书刊印刷有限公司
开　　本	700×1000　1/16　印张 14.75
字　　数	194 千字
版　　次	2025年4月第1版
印　　次	2025年4月第1次印刷
书　　号	ISBN 978-7-5720-3509-8/G·3136
定　　价	80.00 元

如发现质量问题，读者可向本社调换　电话：021-64373213